Standard
Information
Management
in the Digital Age

吴玉浩　刘伟　徐邦栋

著

数字化时代

的

标准情报管理

本书出版得到以下科研项目支持：

1. 山东省自然科学基金青年项目：数字驱动下企业技术标准联盟的创新体系与发展模式研究（ZR2022QG066）。

2. 山东省高等学校青年创新团队发展计划：数字经济标准化与高质量发展创新团队（2022RW074）。

3. 2024年度山东省社会科学规划打造高水平对外开放新高地研究专项：先进制造标准国际化推进高水平对外开放的山东路径研究（24CKFJ35）和山东省外事研究与发展智库课题。

经济管理出版社
ECONOMY & MANAGEMENT PUBLISHING HOUSE

图书在版编目（CIP）数据

数字化时代的标准情报管理 / 吴玉浩，刘伟，徐邦栋著. -- 北京：经济管理出版社，2024. -- ISBN 978 -7-5243-0174-5

Ⅰ. G250.25

中国国家版本馆 CIP 数据核字第 2025ZP5047 号

组稿编辑：王光艳
责任编辑：王光艳
责任印制：张莉琼

出版发行：经济管理出版社
　　　　　（北京市海淀区北蜂窝 8 号中雅大厦 A 座 11 层　100038）
网　　址：www. E-mp. com. cn
电　　话：（010）51915602
印　　刷：北京市海淀区唐家岭福利印刷厂
经　　销：新华书店
开　　本：710mm × 1000mm /16
印　　张：12.25
字　　数：204 千字
版　　次：2025 年 5 月第 1 版　　2025 年 5 月第 1 次印刷
书　　号：ISBN 978-7-5243-0174-5
定　　价：68.00 元

前 言
PREFACE

迈入数字经济时代，以大数据、人工智能、移动互联网、云计算为代表的数智信息技术呈加速涌现态势，且在情报领域的应用渗透愈加深入，未来情报工作的科技属性日益凸显，科技与标准情报正呈深度融合之势。数字化和智能化作为全新引擎，强力推动着标准情报管理模式的变革与创新。为了抓住新一轮科技革命的历史性机遇、有效应对数字红利催生的冲击和变革，依托信息技术手段赋能标准情报的数字化转型发展，已成为标准情报工作提质增效的必然选择。

事实上，标准情报的功能是为标准化战略决策提供支持服务，其服务目的在于将情报资源以便捷高效的方式传送给用户，满足其多样化的情报需求。通过加快标准情报服务创新进程，坚持资源拓展与能力提升并举，可进一步丰富情报信息来源渠道、深入挖掘情报信息价值，为未来发展方向和路径提供指引。然而，标准情报工作的数智化演进，其本质不仅限于技术体系的嬗变跃迁，还意味着未来技术和市场环境充斥着诸多不确定性。新场景下的标准情报需求持续迸发，供给端格局却较为分散，导致供需失衡、资源分配不均、体系不健全等问题频发，对于情报信息的收集分析尚不完善、情报利用仍不充分，尚难以有效释放其服务活力为发展赋能，成为掣肘标准情报管理效能发挥的主因。秉持创新发展思维，运用数字化技术对标准情报服务全流程开展模式再造，在盘活数据资源、打破"数据孤岛"的基础上，通过多源异构数据融合提升资源共享复用能力，可切实满足用户多样化、个性化的标准情报需求，这恰好为突破标准情报服务质量提升的瓶颈提供了破题之策。

因此，本书系统运用情报学、管理学、协同学、生态学及安全学原理，充分整合平台理论、场景理论、知识生态理论、知识创新理论、协同理论、生命周期理论、场域—惯习理论、行动者网络理论、价值创造理论及服务创新理论，遵循理论、案例与实证相结合的研究范式，以标准情报服务为核心研究对象，根据标准情报工作起步、中坚、落地与应用的内容逻辑主线，首先搭建了数字驱动下的标准情报服务分析框架，其次构建了基于知识的标准情报服务理论体系，最后探讨了标准情报生成模式与场景应用，以期为全面实施标准数字化战略、推动标准情报工作质效升级指明方向。本书主要包括以下内容：

第1章，绪论。从现实层面阐释拟研究问题的背景，结合标准情报各工作阶段提出该研究问题的分析逻辑，介绍后续主要研究内容，并叙述其具体实施方法和研究过程。

第2章，数字平台驱动下的标准情报服务创新。在阐述数字平台对标准情报服务创新驱动动因的基础上，对其现实内涵和特征作出界定。遵循服务创新理论的核心要义，对数字平台驱动标准情报服务创新的价值逻辑展开分析，并就创新实现路径予以探讨，据此提出相应的创新推进策略。

第3章，数智驱动下标准情报场景化服务的价值创造机制。在阐述数智时代对标准情报场景化服务变革影响的基础上，对数智驱动标准情报场景化服务的内涵意蕴与现实特征加以分析。经由访谈调查明晰用户需求层次体系，建构标准情报场景化服务价值创造的要素关系模型，对其价值实现路径予以探究，并选取典型场景化应用案例进行验证，据此提出相应的价值提升策略。

第4章，知识生态视角下标准情报系统的演化与治理机制。在阐述标准情报系统组成要素与演化特征的基础上，从横、纵两个层面对知识生态位的作用关系进行分析，揭示了知识生态链的层级逻辑，由此绘制标准情报系统的生态位演化矩阵，并结合DICE模型诠释其内在运行逻辑，据此提出相应的长效治理机制。

第5章，标准情报智库联盟知识生态系统的演化与运行机制。在明晰联盟知识生态系统组成要素与主要特征的基础上，从横、纵两个维度解读知识生态位的功能关系，揭示了知识生态链的层级结构，由此构建基于知识生态位的标准情报智库联盟知识生态系统演化矩阵，并运用DICE模型剖析其内在运行机制，进而结合阿里研究院予以实例验证，据此为联盟知识生态系统的建设发展提出建议。

第6章，知识创新驱动的标准竞争情报行为。构建面向标准化的知识创新螺旋模型，阐释标准化过程中隐性知识和显性知识的转化机制，在此基础上由生命周期视角剖析标准化与知识创新的协同作用机制，归纳总结知识创新驱动下标准竞争情报行为选择和转换的特殊规律。

第7章，协同视角下标准情报的生成机制。采用理论分析与案例研究相结合的方法，在梳理标准情报相关研究成果的基础上，阐述引入协同学理论的合理性，整合时间协同与空间协同两个层面对标准情报的生成机制展开分析，并结合闪联标准予以实例验证，据此为标准情报体系建设提出建议。

第8章，以国家安全为旨向的标准情报服务创新。在刻画国家战略背景下标准情报服务创新动因的基础上，对国家安全视域下标准情报服务创新的内涵特征加以界定。结合总体国家安全观对标准情报服务创新的作用逻辑展开分析，并就其具体实现路径进行探索，据此提出相应的服务效能提升策略。

第9章，结论与展望。将研究结果予以归纳，梳理本书的主要结论，提出本书的创新之处，进而得到对标准情报管理实践的管理启示，指明本书存在的局限性，并对未来研究方向予以展望。

目　录

CONTENTS

05　标准情报智库联盟知识生态系统的演化与运行机制 // 075

06 知识创新驱动的标准竞争情报行为 // 105

09 结语 // 163

绪　论

数字化浪潮为情报工作积蓄了强大价值势能，基于文献信息的情报学学科框架已然无法适应数字化时代的全新要求，亟须建立一个基于数据、事实和知识的学科框架，这便形成了以信息管理与知识管理为核心的情报学理论体系。在数字化环境下，平台、场景、用户、应用等要素逐渐成为情报管理的主要内容，标准情报管理亦复如是。其中，作为标准情报工作的中心环节，当前标准情报服务的服务范围、服务对象及服务形态均在发生变化，能否进一步提升服务能力、优化服务水平，事关标准情报管理成效，故而标准情报服务创新被视为新时期标准情报工作的要点，但在各个阶段还面临诸多新的问题和挑战。

　　首先，在标准情报工作起步阶段，数字化时代下各类标准情报采集与整理需求水涨船高，而传统的标准情报工作方式自动化水平有限，瓶颈逐渐显现。经由贯穿情报采集、分析加工、输出全过程的数字平台自动化管理，支持用户自动获取、整理各类标准情报信息，恰好能够降低标准情报采集、整理、分析的人工成本，推动情报的充分利用，赋能标准情报管理更高效。在此过程中，数字平台极大丰富了标准情报服务的数字应用场景，其应用范围也在不断拓展。因此，立足标准情报管理的数字化导向，为了进一步完善和发展标准情报服务的相关理论体系，本书不仅分析了数字平台驱动标准情报服务创新的逻辑、路径及策略，还从场景视角探讨了标准情报服务价值创造的内在机制，这有助于深入挖掘情报服务价值增长点，为推动情报服务高质量发展提供坚实支撑。

　　其次，在标准情报工作中坚阶段，尽管丰富的数字化场景塑造了标准情报服务的价值创造优势，但随着各类场景不确定因素增加，情报工作环境愈加复杂多变，致使情报服务约束条件不断增多，并对敏捷性提出了更高要求。与此同时，在数字化新情报研究范式浪潮兴起的环境下，标准情报智库联盟正在蓬勃发展。为了提升智库服务于标准化决策的能力和水平，亟须建立健全以提升情报能力与优化情报服务模式为核心的智库联盟建设长效机制。为此，知识生态学通过将生态学理论与知识管理实践相结合，能够显著提升知识创新水平。探索知识创新在标准竞争情报中的可用性，有助于将数字经济等理论基础与管理学、生态学相结合，进一步丰富标准竞争情报的分析手段和方法。因此，本书分析了知识生态视角下标准情报系统的演化与治理机制，挖掘了标准情报智库联盟知识生态系统的演化与运行机制，并阐明了知识创新驱动的标准竞争情报行为，可为提升标准情报管理的适应性与活力找准破题起势之策。

再次，在标准情报工作落地阶段，唯有明晰数字化时代下标准情报的生成机制，才能在此基础上建构标准情报场景化应用的可能路径，确立打造稳定知识生态系统的合理策略。其中，面向标准情报管理的标准情报协同生成模式，可有效促进标准情报管理从被动管理走向主动管理和战略管理。因此，结合协同学思想进一步丰富和完善标准情报理论体系，有助于理解标准情报生成的逻辑理路，明晰提升情报服务效能的实践进路。本书采用理论分析与案例研究相结合的方法，在梳理标准情报相关研究成果的基础上，阐述引入协同学理论的合理性，整合时间协同与空间协同两个层面对标准情报的生成机制展开分析，并结合闪联标准予以实例验证，据此为标准情报体系建设提出建议。

最后，在标准情报工作应用阶段，数字化时代冲击下的国际秩序与世界格局正在动荡中加速演进。为了充分发挥所生成的标准情报价值，将标准情报深度应用于安全体系便显得尤为关键。通过构建契合标准竞争与国家安全要素的标准情报事业发展体系，有助于适应复杂多变环境下国家安全战略的发展要求，明晰标准情报服务塑造国家安全态势的着力点。因此，本书在刻画国家战略背景下标准情报服务创新动因的基础上，对国家安全视域下标准情报服务创新的内涵特征加以界定。结合总体国家安全观对标准情报服务创新的作用逻辑展开分析，并就其具体实现路径进行探索，据此提出相应的服务效能提升策略。

　　由此，面临技术不断推陈出新和竞争环境复杂多变的情形，通过紧密结合数字化时代特征，以强化标准情报理论体系建设指导标准情报工作实践，以深化标准情报服务打开创新思路，坚持"数字""知识""场景"并重，厘清制约情报管理的短板弱项，做到发现问题与破解问题"同向发力"，全力优化标准情报管理体系，重新打磨管理方式，在以赋能打造数字化新发展格局节点中探寻更多确切性，可为标准情报工作的高效化建设提供参考借鉴。

数字平台驱动下的标准情报服务创新

数字化时代下，互联网、物联网、大数据、云计算及人工智能等数字技术以其影响范围之广、变革速度之快，驱动着标准情报服务的全面平台化升维与重构。随着数字化渗透程度的日益加深，数字平台作为能力数字化与业务数字化相联结的组织形式，可以更低的成本和更便捷的方式匹配多种情报产品和服务的用户，营造供需双方的良性互动（冯向梅等，2022）。由此，不仅能够促进标准情报数据整合、开发、流通和价值创造，破除情报治理的碎片化困境，还能够形成标准情报服务最大化的效用输出，塑造合理有序的价值创造与分配机制。

　　追根溯源，在越发激烈的标准竞争中，面临标准情报产品生命周期不断缩短、用户忠诚度持续降低、用户情报消费个性化回归等情报环境的迅猛变化，标准情报服务也需不断突破局限，在传统优势的基础上实现自我新陈代谢。在此形势下，立足平台、整合资源、拓延应用，便成为标准情报服务创新转型进入更高阶段的必然选择（刘春江、朱江，2022）。以数字时代多变的用户情报需求为导向，数字平台以其强大的基础设施和资源、灵活多元的分解和聚合方式进行组合，在情报主体间建立了广泛的数字化连接，传统封闭式的情报联系逐渐向更为开放、分享的合作与共赢关系转化，为标准情报服务的快速迭代创新提供有力臂助（忻榕等，2020）。相应地，已有学者关注到数字平台在情报服务领域的应用，强调了平台化管理对数字时代转型升维的重要性，但多由情报服务平台建设应用层面入手，尚未明晰发挥平台价值驱动的理论要义，也就无法给予情报服务实践以精准有效的指导（彭国超等，2022）。因此，适应数字化生产力的发展要求，遵循服务创新理论的研究进路，本章拟就数字平台对标准情报服务创新的驱动机制展开探讨，旨在诠释情报主体间的价值共创互动规律、挖掘其创新实现路径与推进策略，以期为发挥平台资源集聚效应、培育标准情报服务新生态提供参考借鉴。

2.1 研究概述

2.1.1 标准情报

标准作为具有深远经济影响的规则，对于技术发明创新、商业交易和经济增长具有重要意义（Wu and Vries，2022）。就其概念而言，标准是为了在一定范围内获取最佳秩序，经协商一致制定并由公认机构批准，可供共同、重复使用的一种规范性文件（Hackos，2016）。其性能的高低，在很大程度上取决于情报管理的效能。标准情报源于企业的标准化活动，指代的是记载标准化科研成果产出与实践经验积累的标准文献资料，以及与标准化有关的情报信息（陈云鹏、周国民，2016）。对标准情报进行高效合理的收集、加工、分析和利用，既能捕捉标准化动态使标准的制定、实施和推广做到有的放矢，也有助于在情报服务过程中形成统一协调的标准体系。若要达成此目标，则不免需要依赖标准情报系统这一开展标准情报工作的有效载体。标准情报系统是在一定的社会信息环境空间内，为满足相关情报部门在海量标准化信息中进行精细化比对分析的需求，实现情报搜集、情报融合、情报共享、情报安全与应用、情报与决策等方面的良性互动，企业、政府、高校、科研院所及行业协会等情报主体与其密切相关的标准情报之间相互作用、相互影响、相互关联，从而形成具有多样性、层次性等特征的有机统一整体（张林立，2019；Ranjan and Foropon，2020）。

作为科技情报的重要分支，我国标准情报研究尚处探索阶段。以往研究主要侧重阐述标准情报工作的重要性，点明了加强标准情报管理的作用，如推动标准化建设进程、发掘整理知识、提高产品质量及强化市场竞争力等（张华云，2008；王博等，2015）。然而，尽管标准情报具有重要的价值，但针对标准情报生成的研究成果较为匮乏，还未明确揭示其生成结构、逻辑及规律（杨小华，2010）。若无法得知海量数据转化为情报的演进路径，则难以制定行之有效的标准情报服务模式。因此，处在全新发展阶段，为了加强对标准情报的挖掘与利用，应当加强新形势下标准情报的生成机制研究，以便充分促进数据向信息、知识和情报的转化（郭华等，2016），促进标准情报服务效用的发挥（刘婕、彭国超，2021）。

2.1.2　标准情报服务

随着情报信息成为新经济时代的基础生产要素，与标准紧密相关的标准情报服务应运而生。标准情报服务隶属科技情报服务的分支，是指围绕标准开发、实施和推广的生命周期过程，开展与标准制修订相关的系列信息收集、加工和处理服务，借此为标准化关键环节提供情报报告支撑，主要包括文献服务、信息服务、知识服务及智慧服务等形式（吴玉浩等，2022）。学者在认识到标准情报服务对技术进步、市场规范及经济发展重要性的基础上，从服务内容、服务机构、服务对象、服务模式及服务技术等不同层面对其进行了广泛探讨，主要涵盖标准情报资源挖掘、需求跟踪和知识利用等问题（刘婕、彭国超，2021）。处于标准情报工作的转型变革期，部分研究捕捉到标准情报服务的数字化发展趋势，阐述了数字平台搭建对标准情报服务创新的促进作用（徐超等，2022），通过专业化、个性化和定制化的服务方式精准响应标准情报需求，对用户行为予以深入挖掘分析（林琼秋等，2020）。总体而言，以服务模式优化和技术应用为核心的标准情报服务研究已取得一定进展，但尚未形成系统化的理论体系，明显滞后于鲜活的标准数字化创新实践。随着平台化转型趋势愈加凸显，标准情报应用场景更为多元化和智能化，但如何应用数字技术赋能标准情报服务平台化管理还有待进一步探讨。为了清晰界定标准情报服务，本书对其主要形态及特征予以辨析，具体如表2-1所示。

表2-1　标准情报服务的主要形态及特征

形态	内容与服务形式	特征
信息服务	通过传播和交流信息实现标准信息增值，包括信息检索、信息报道与发布、信息咨询及网络信息服务等	情报产品多以实物形态为载体，智力资本增值低下，对决策的参考价值有限

形态	内容与服务形式	特征
传统情报服务	传递动态标准情报、行业信息监测与加工、情报分析利用、阅读指导、定题检索等	情报产品多以研究报告为代表，与"耳目、尖兵、参谋"的功能定位相匹配，智力增值与决策支持作用得到提升
决策咨询服务	为政府决策制定和执行提供智力咨询服务，涵盖顾问、合作咨询、主动咨询及委托咨询等	情报产品多以科技政策、评估分析报告为主，以供需双方合作为基点，可满足决策者对数据和信息的实际需求
知识服务	有针对性地从显性和隐性知识资源中提炼标准信息和知识内容，围绕用户问题来组织、推送和共享知识，据此提供有用的知识产品	以用户需求为驱动力，面向知识内容和解决方案，服务增值性较高
智慧服务	运用智慧为他人或组织提供服务，以智慧为服务内容和工具，可分为创新、发现及规整等形式	情报服务的终极形态是"以人为本、转知成慧"，可将隐性智慧与情报分析方法相结合

资料来源：笔者整理。

2.1.3 数字赋能

在发展驱动力快速转换这一重要时间节点，以数字赋能为核心内容的服务模式正深刻影响着标准情报的发展方向（肖利华等，2021）。在理解数字赋能效用的基础上，以往研究阐述了数字化转型所催生的模式创新、降本增效及流程优化效应（Vial，2019），并尝试结合数据和智能元素对情报学的未来发展方向予以分析，使情报学研究视域得到多维深化和拓延。面对数智环境变化所催生的诸多新需求、新场景，数智技术也在服务领域得到繁荣发展，并融合其他资源和能力为服务创新提供了诸多发展可能，业已上升为驱动服务价值持续增长的新力量（吴心钰等，2021）。聚焦情报服务领域，部分学者倡导打破固有的文献服务和信息服务逻辑，注重培育以数据为核心的服务创新能力体系，充分挖掘和利用新兴数据资源（王莉娜等，2021）。捕捉到情报服务场景的多元化、复杂化和互动化应用趋势，为了提升情报服务质量，响应需求来升级和拓宽应用场景也显得尤为必要（李白杨等，2020）。诚然如此，学术界虽然持续关注数字赋能情报服务创新这一研究领域，但是相关文献成果多停留在理论层面的思索总结，未能将数字新思维与情报服务深度融合，也就无法充分释放标准情报的时代价值，亟须从内在本质角度剖析其实现的作用逻辑。

2.1.4 数字平台

数字时代，万物互联。建构在数字基础设施上的数字平台因其灵活性、开放性和可供性而逐渐成为数字服务中枢，且呈现与各行各业融合发展的态势（Reuver et al., 2018）。以业务云化、数据连接和融合应用为依托（孙杰等，2020），数字平台是指包含服务和内容在内的一系列数字资源组合，可使生产者与消费者进行价值创造交互（Constantinides et al., 2018），并细分为创新平台、交易平台和混合平台等不同形式（缪沁男等，2022）。作为引领数字创新的重要方向，学者从技术架构、组织架构、双边市场及生态系统等不同进路对数字平台的本质加以审视（李春利等，2021），强调数字平台为参与主体和服务对象提供了全新的服务创新逻辑与价值创造路径（刘洋等，2020），借以激发数字资源的网络增值效应，催生了新业态新模式的加速涌现（罗兴武等，2023）。聚焦情报服务领域，关注到信息载体、信息获取方式及服务模式的变化，现有研究分析了数字情报服务平台建设的现实意义（龚花萍等，2022），探究了平台联动这一多主体协作服务观的合理性（张亚男等，2021），并以技术情报、专利情报、智库情报及竞争情报等为原型对数字情报服务平台的设计与搭建展开分析，但相关成果多侧重平台应用实践层面，对情报服务平台运行机制的学理性研究较为薄弱，基于数字平台的标准情报服务研究更是鲜有问津。数字革命对传统的标准情报服务模式进行了价值重构与价值创新，而数字平台肩负着厚植情报服务创新基因和将情报工作融入数字时代的新使命，因而探究数字平台对标准情报服务创新的驱动规律，便成为情报服务理论研究不可避免的重要议题。

鉴于此，响应数字时代的价值共创主张，本书以数字平台驱动标准情报服务创新机制为研究主线，重点对其价值创造规律、实现路径及推进策略展开分析，搭建基于数字平台的标准情报服务理论整合分析框架，以期充分发挥数字平台的创新引擎作用，使标准情报服务向平台要效率、要效益，进而在适应商业环境的过程中不断更新迭代。

2.2 数字平台与标准情报服务创新

随着数字技术的蓬勃发展，创新驱动数字化转型发展已成为时代发展的主旋律，数字技术与数字平台的深度融合应用正深刻改变着传统的标准情报服务范式。在数字平台驱动下，标准情报服务提质增效的关键在于不断进化与完善，以适应日新月异的外部情报环境，从而引导整个平台情报生态系统共同进化。

2.2.1 数字化时代对标准情报服务的影响

在快速变化的数字化时代，全球数据正呈爆发式增长、海量聚集之势，人工智能技术发展的同时也引发诸多领域的变革，"大数据＋人工智能"转化为数智双轮驱动，不仅能够实现标准情报服务流程的优化与增效，而且可以进一步赋能情报服务模式的变革与创新。机遇与挑战共存，如图 2-1 所示。

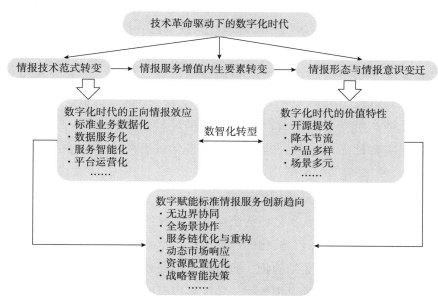

图 2-1　数字化时代对标准情报服务的现实影响

资料来源：笔者整理。

数字化时代促使情报技术范式发生转变，并引起了情报服务增值的内生要素、情报形态与情报意识升级的连锁反应，导致正向情报效应和价值效用在数智化转型过程中不断扩散，从而对标准情报服务的创新发展产生深刻影响，具体表现在以下方面。

2.2.1.1 对情报用户需求的影响

创造并满足需求是标准情报服务创新的原动力，数字化环境下以用户需求为核心的全域融合应对策略逐渐成型。一方面，数字化工具将标准情报服务机构与用户充分链接，使服务机构的声量持续放大，服务触达面也在不断延伸，借助服务内容更新构建了丰富的情报产品矩阵；另一方面，面对用户需求的不确定性，发挥大数据采集分析优势对现有用户需求进行精细化管理，不仅能够弥合标准情报供需双方之间的鸿沟、满足用户层出不穷的个性化情报需求，更可据此建立实时交互、实时反馈的服务场景，从而达到既定的情报服务目标。

2.2.1.2 对情报数据处理的影响

数据作为标准情报服务的载体，随着技术能力迭代升级，数字化情报服务不仅有助于高效收集和统筹管理产品、工艺、技术及检测等多方面的标准数据，而且还为通过其他自动化和数字化工具打通整体软件架构、实现不同业务及多个标准化流程融合搭建了信息流基础。随着数据量爆发式的增长和数据形式的多模态化，通过充分挖掘数据价值，实现了数据的自动反馈和基于数据的智能决策，且呈现服务沉淀数据、数据优化服务的高层次良性循环态势，这将进一步强化数据的自动化和智能化赋能效果。

2.2.1.3 对情报服务流程的影响

就流程角度而言，数字化环境使标准情报服务过程的环节与流程愈加复杂多变。在"数据→价值"转化的标准情报全生命周期服务过程中，标准情报服务机构需全方位采集结构化、非结构化情报数据，并通过一系列工序将原始数据转化为高质量的可用数据，持续累积标准情报数据资产。由此，将可用情报数据以一定结构存储，并根据用户需求进行离/在线计算，以此支持用户所需的查询、分析、可视化等应用，作出有据可依乃至自动化的标准化战略决策，从而提高标准情报服务整体流程的运营效率，并可使用户体验也得到显著改善。

2.2.2 数字平台驱动标准情报服务创新的动因解析

数字革命借助新一代信息技术强劲来袭，通过数字平台迅速而广泛地将情报主体与各类智能设备相联结，在海量情报数据、信息及知识的延展与无边界流动中，极大释放了创新潜能，赋予了标准情报服务更多内涵。因此，只有充分把握数字平台驱动标准情报服务创新的动因，才能深入分析和理解其内涵特征。如图 2-2 所示，随着数字平台在内部服务运营领域和外部用户需求的广泛应用，整个情报服务价值链逐渐产生质变。在改变标准情报服务方式的同时，也重塑着价值增长曲线。

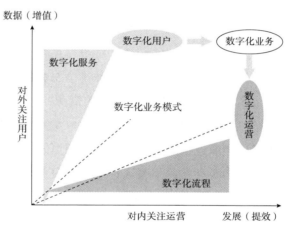

图 2-2 标准情报服务平台化转型动因

资料来源：笔者整理。

2.2.2.1 提升用户体验的要求

平台化标准情报服务的核心是"以用户为中心"，以数据驱动和生态协同的方式重构服务模式、供应链和价值链。由于服务模式创新激发了新的情报产品和新的情报需求，衍生出复杂化、多样化的服务生态，可使用户个性化情报需求得到极大满足。首先，被平台供应链赋能后的大量小前端有助于深入了解各垂直领域的细分情报需求，并可实时满足此类需求。其次，供应链被打散再造，形成了以用户体验为导向的协同网络，能够有效拉近用户距离。最后，价值链被重构后，组织间的边界也随之被打破，在内外部多频次的无边界资源共享中实现了价值递增。

2.2.2.2　优化运营流程的要求

标准情报服务平台信息系统的搭建能够全面打通前台、中台和后台数据，在数据的大流通中形成完整的信息流。通过数据智能所打造的数据化前端，可提升用户体验和服务运营能力。具体而言，在各种应用系统和数据工具的助力下，数据化前端不仅可以采集前沿标准数据，全渠道了解各细分市场用户的个性化情报需求并反馈至后端支持部门，也可以进行数据的可视化查询和实时有效性分析，深度了解用户情报行为，评估情报服务效果，借此支持业务运营的精准决策，打造数据化运营体系的大平台，提升整体服务运营效率。

2.2.2.3　创新业务模式的要求

平台模式是平台间跨系统资源的汇聚、重组与再融合，不断积累规模而形成大资源池内的数据资产。通过对外部标准竞争态势保持高度敏感，针对不断变化的局势持续调整平台组织架构、聚散资源，可有效打破"信息孤岛"，使标准情报服务始终保持可塑性和适应性，在数据变现过程中塑造新的服务优势。这意味着，全面连接的平台生态化管理更能适应外部多次元情报环境变化，凭借风险共担、利益共享凝聚标准情报服务合力，综合抗风险能力更强，成为组织进化与情报环境选择的必然结果。

2.2.3　数字平台驱动标准情报服务创新的内涵及特征

数字化时代，外界需求的多变与标准情报服务内在稳健运营的要求形成鲜明对比。技术的极速发展和生产能力的迅速提升，不断冲击着传统的标准情报服务范式。此时，积极拥抱数字化趋势，探索构建数字化平台、培育数字化能力，便成为标准情报服务转型发展的破题之策。因此，为全面把握数字平台驱动下标准情报服务创新的具体内涵和特征，在此对新旧标准情报服务范式的要素展开对比，具体如表2-2所示。

表 2-2 新旧标准情报服务范式的要素对比

核心要素	传统标准情报服务	数字平台驱动下的标准情报服务
服务机构	以依托政府机构为主	以标准化研究院所为主，多类型机构合作
服务对象	国家情报工作机构、少数大型企业	不同类型企业、技术机构、标准化管理部门
服务内容	收集提供式的标准文献服务	分析挖掘式的知识服务
服务手段	人工检索查阅标准文献	智能提取标准情报资源
服务模式	基于标准文献资源的被动服务	充分响应用户需求的主动服务
服务范围	存在一定的服务边界	服务平台无边界、数据开放共享
服务时效	时效性有所滞后	"一站式"跟踪服务
服务产出	固定规模化生产的情报产品或服务	灵活个性化、专门化定制的情报产品或服务

资料来源：笔者整理。

在快速变化的环境中，标准情报服务必须不断引入和发展新产品与新技术，因而创新是制胜关键。相较于传统的标准情报服务，在数字平台化转型驱动下，标准情报服务战略更加以价值为导向、产品与服务更加以用户为中心、运营与管理更加以数据为驱动、技术与平台更加以生态为核心、组织与机制更加以协同为目标。由此可见，以数字化为基础，将数字平台融入整个服务过程，彻底革新了原有的标准情报管理流程、产品与服务理念。构建平台系统基础设施，利用平台系统产品和数字化管理模块输出，借助技术系统的变革与提升实现生产率的提高，打破了传统服务的时空界限，最终达到降低综合运营成本、提高综合竞争力、增加业务收入和升级服务模式的目标。

因此，本书认为数字平台驱动下的标准情报服务创新，是以数字平台为主要载体、以数据为核心生产要素、以适应数字化情报服务新需求为导向，通过平台集成和生态合作打破服务边界，聚合平台资源和能力建构全新服务价值链，从而实现情报数据的聚合共享和业务能力的协同共享，赋能整个标准情报服务体系创新发展，实现共同升维、进化和繁荣。其主要呈现以下特征。

2.2.3.1 无界化

数字平台技术在标准情报产品和服务中的嵌入，使时空与行业间的边界逐渐消失，不可分离性已不再是情报服务的必然属性。新型标准情报服务创新的"无边界服务"，不仅使服务提供者与服务接收者在空间上出现了最大限度的分离，还消融了时间限制，使其成长为持续变化发展的无时限服务。随着对用户情报需求的不断挖掘，情报主体能够适应数字化趋势并创造性地使用数字技术开发新产品和服务，在用户的持续参与和反馈下不断拓延其范围。

2.2.3.2 场景化

数字平台技术的变迁催生了标准情报服务理念的转变，促使情报服务创新持续开拓，从而引发整个服务创新场景的颠覆性变革。在标准情报服务创新场景中，平台情报主体网络中各参与者的角色产生显著变化，传统意义上被动式、碎片化和断裂的服务链逐渐向平等、开放和透明的服务生态共同体转变。由此，情报服务以最具效率的方式触及海量终端客户，在情报数据联通和共享中提升资源匹配效率，为缩小数字鸿沟提供了有效解决方案。

2.2.3.3 资源能力一体化

数字平台可根据外部环境变化而持续更新，但因各标准化阶段对数字技术资源基础、应用程度、组织力的要求不尽相同，故标准情报服务创新成功与否，不仅取决于拥有合适的资源，更重要的是编织共建共创共享的参与者平台网络，通过确立有吸引力的价值主张，将相关参与者和资源集成至特定的平台交互活动，进而形成有效的资源积累和价值变现模式，适时实现数字资源向数字能力的转化，完成情报服务价值的共同创造。

2.3 数字平台驱动标准情报服务创新的价值逻辑

价值的增加，是标准情报服务持续创新的源泉所在。数字平台驱动标准情报服务创新的本质，正在于运用数字化知识和技术对现有服务范式实施变革，不断突破边界、获得新的价值增长点，获取并强化服务优势。因此，深入了解标准情报服务创新的价值增长过程，便成为把握标准情报服务创新的关键。

2.3.1 数字平台驱动标准情报服务创新的价值维度

数字平台驱动标准情报服务创新的价值通常表现为创造新的服务业务和组织形态，使其在自身传统情报产品或服务之上叠加增值的数字化情报服务。在不断融入全新情报应用场景的前提下，经由数字平台进行资源、分工和价值的再分配，可有效提升标准情报服务的数字化、智能化水平，在打通上下游数据的基础上促进全链条效率提升，激发服务生产力。依据服务创新理论（王潇等，2018），在数字平台驱动下，标准情报服务创新的实现，可从标准情报服务的技术、服务界面、服务流程、服务机制和服务模式五个价值维度加以推动，具体如图 2-3 所示。

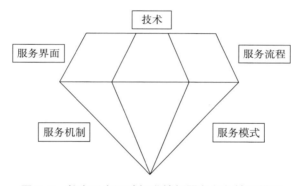

图 2-3　数字平台驱动标准情报服务创新钻石模型

资料来源：笔者整理。

2.3.1.1　技术维度

技术维度是标准情报服务创新架构的核心维度。服务技术创新是指支撑所提供标准情报服务及其产品制造加工等领域内所有平台技术手段的创新，主要包含通用支撑的数字化技术、具体情报服务或服务产品的专业技术、提升数字情报服务能力与价值的数据技术。在数字平台所搭建的统一数据环境中，借助技术手段得以完成数据收集、存储、处理、可视化分析等系列步骤，对标准情报服务的全过程持续管理，为其转型升级提供安全可信的技术保障。同时，基于平台数据仓库对情报数据进行沉淀管理，可在数据智能互联互通中打通各维度数据，支持多渠道、多场景、多维度的数据分析与业务运营，针对标准匹配问题产出综合解决方案与综合应用组合，形成多产品、多服务、多交易场景的数字平台生态系统。由此，通过打通数据价值链，能够集中剩余价值、降低数据成本、提高资源配置效率，进而收获数据智能所带来的价值红利。

2.3.1.2　服务界面维度

服务界面的设计与创新也被称为用户体验创新，即通过新的数字化信息和交互方式，重塑用户、合作伙伴乃至服务人员的使用体验，用数字化平台转移和提升服务价值，主要包括将标准情报服务提供给用户的方式，以及与用户交流合作的方式等。事实上，在标准情报服务创新过程中，在很大程度上用户已经成为情报服务生产不可或缺的一部分，而情报服务提供者与用户间的交流和相互作用，便成为创新的主要来源。通常来说，将平台集聚的数据、服务和业务能力以开放接口的形式，面向生态系统各参与主体开放访问使用，可实现各方不同业务能力的承载集聚，得到全新的参与主体共生共赢的平台价值网络体系。由此，以用户需求为中心来加速平台资源整合重组（Pynnönen et al.，2021），形成价值交换的平台通道，调动尽可能多的利益相关者参与其中，标准情报服务便经由平台触及更为广大的群体及用户，实现协同可持续发展。

2.3.1.3　服务流程维度

业务流程维度的创新通常是将服务、产品、资产、流程等以数字化的方式相联结，使平台服务创新活动运转更为高效。以价值创造力为导向，根据环境变化和平台建设情况，持续对组织变革作出修正，对情报服务流程进行梳理，达到实时考核、实时决策的敏捷型快速反应，将成为情报服务创新发展的新常态。随着大数据和人工智能的充分应用，基于情报全链数字化相连对业务流程与环节予以高度细分，沿着业务流程时间轴进行更精密、更全面的情报信息采集，并依据平台模型算法的快速处理和多个体的即时反馈，提供端到端的优质体验和差异化服务，可显著提升运营的效率和灵活性。此时，数据信息部门由支持作用转变为引导和推动作用，标准情报服务既可具备高度的稳定性，又不乏良好的适应性，这有助于实现情报服务规范化与流程化、情报信息数据化与标准化，为标准化战略的精准决策提供有力支持。

2.3.1.4 服务机制维度

服务机制创新是指标准情报服务生产和产品传递系统的组织机制创新，也可称为管理运营维度的创新，可细分为决策模式创新和运营模式创新等方面。一方面，在推进标准情报服务创新的过程中，平台会产生纷繁复杂的运营数据，通过对海量的异构数据予以治理和分析，同时将数据分析结果与平台管理手段相结合，可真正起到提升服务水平、优化平台运营的效果；另一方面，在运营过程中，通过数字平台"去中介化"和"去中间化"，情报服务供需双方可依托平台的服务生态系统直接对接，简化价值链流程，实现数据共享与信息透明，在大幅降低综合运营成本的基础上显著提升运营效率。由此，服务机制成为数字平台保持正常运转的润滑剂和助推剂，使标准情报服务从既有的粗放式管理迈向精细化管理，从而针对用户需求提供相适配的情报服务和产品，并以快速而精准的方式送达用户，充分发挥数据导向的洞察力。

2.3.1.5 服务模式维度

服务模式维度的创新描述了标准情报机构所提供情报服务模式方面的创新，侧重整体性服务概念的变革，即解决某一问题的新概念或想法，且多以新的技术机会为基础，通过数字平台化实现数据的直接和间接变现。事实上，概念化的模式创新在传统的标准情报服务创新中占有较大比重。全新服务概念的实现，要求标准情报机构对自身所提供的已有服务和新服务形成全面理解，对竞争者提供的已有服务和新服务有精准认识，通过对市场需求的扫描和分析捕捉创新来源，并对其创新特性有准确把握。这是因为，只有在充分理解新服务概念的基础上，标准情报机构才能根据市场变化、用户需求及竞争者行为，不断应用数字平台技术开发新的情报服务，抑或改进原有服务，培育新的情报服务能力。如此循环，在引导实现既定情报服务目标的同时，促进了情报服务价值增量的提升。

总体而言，标准情报服务创新的各维度要素彼此交织融合，共同推动着情报服务交换和创新过程的跃迁。相应地，在数字平台化转型过程中，任何一项标准情报服务创新皆是上述五个维度的某种特定组合。一项新的标准情报服务出现，通常意味着新的服务概念形成，同时需要开发新的服务业务流程，情报服务人员也应改变其工作方式及与用户接触和关联的平台界面，建立服务机制广泛连接不同个体和组织，采取协同合作的服务模式，并利用相应的数字化专业技术，在供需高效匹配中释放平台创新活力，谋求价值共创与发展（Abbate et al.，2019）。

2.3.2　数字平台驱动标准情报服务创新的价值共创机制

在标准情报服务创新过程中，数字平台化变革使原有的价值创造者网络在时空上发生解耦和重构，催生了全新的价值共创模式。依据服务主导逻辑，此时价值创造过程和价值创造主体皆有所转变，价值创造过程由线性的产生到流动再到消逝，转变成更为动态的、网络化的、系统的共创过程，即迈入创新模式视角下的开放创新过程。价值创造主体也由局限的、有边界的角色网络转变为更具普适性的、无边界的情报服务参与者网络，而参与者间的互动便是价值共创的动力所在。如图2-4所示，遵循"动机→过程→结果"的研究思路（林琳等，2022），本书拟对标准情报服务创新的平台价值共创机制展开探讨，全面解析和理解价值共创互动的作用过程，以期赢得更多价值成长空间，为提升数字平台驱动标准情报服务效能和服务水平提供助力。

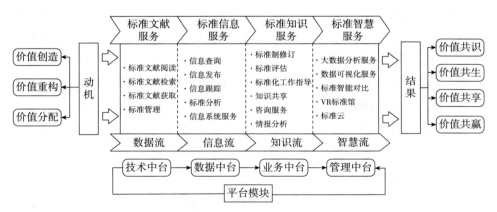

图2-4　数字平台驱动标准情报服务创新的价值共创机制

资料来源：笔者整理。

2.3.2.1　动机

作为搭建标准情报服务创新平台的原动力，动机是创造和实现服务价值的基础环节。在标准情报服务创新中，随着情报服务逐渐形成对数字平台的全链条依赖，标准情报活动更多的是基于数据资源的挖掘与利用，充分利用物理产品和数字产品的融合，对标准情报服务进行智能化、可持续化设计。数字平台组合效应使服务的设计和使用产生了全新的价值创造形式，对标准情报服务发挥了直接提升效应。同时，标准情报服务创新的核心，正是在于通过数字平台为用户提供定制化的针对性服务，并将新产品和服务以更快速、更可靠的方式推向市场，在优化用户体验的基础上实现价值重构。此外，数字平台强大的覆盖能力促使情报主体之间产生互惠式依赖，这种以互补共赢为特征的相依关系能够全面协调平台各方利益需求，使用户得以深入参与整个价值体系的实现，并使情报价值链实现合理分工，为情报服务价值提供了条件与分配导向。

2.3.2.2　过程

作为推进标准情报服务平台化的中枢，过程是发挥平台赋能效应的重要价值载体。标准情报服务平台化能力以共享和开放为核心，这意味着必须通过中台系统将后台资源转化为前台使用能力，搭建起小前台与大后台之间强有力的纽带。也就是说，应用数据智能的先进理念和技术，搭建涵盖技术、数据、业务及管理等模块在内的大中台结构，向下打造数据底座、向上赋能创新应用，探索跨地区、跨部门、跨层级的标准情报信息共享与业务协同，拓延全渠道情报服务场景，使用户体验到规范、透明、高效的"平台+"情报服务。在不断循环、反馈而使中台系统增长与完善的过程中，随着平台数据流、信息流、知识流和智慧流等价值流的流动，不断发掘标准情报服务的潜在创新需求，标准情报服务内容实现了由标准文献服务、标准信息服务向标准知识服务及标准智慧服务的蜕变。由此，构建将数据转化为资产、不断为创新赋能并作用于标准情报服务的机制，得以为决策科学化、治理精准化、服务高效化提供有力支持。

2.3.2.3　结果

作为标准情报服务创新价值共创的现实体现，结果是追求协同发展的终极目标。数字平台作为价值产生的根源，使其融入标准情报价值、融入标准情报服务过程，是标准情报服务创新升级的归宿。面临数字化、智能化和网络化发展趋势，借助数字平台与情报服务资源联结的便利性，将平台资源以各种形式源源不断地渗透至服务价值链相应环节，输出平台价值观、培育平台使命感，可实现价值链上下游畅通，在情报主体达成集体共识的基础上彰显协同效应，塑造需求与供给高效对接、精准匹配、应用与服务持续迭代、多方共生共享的良性发展生态，使相互成就的价值共创共赢成为可能。此时，广泛引进不同主体的资源，生态伙伴彼此相互理解、相互支持，充分释放主体间的要素活力，各方利益分配趋于合理化，各个利益群体的需求皆可得到最大限度的满足，生成了"1+1>2"的价值效益，为平台化标准情报服务带来新优势。

由此可见，围绕标准情报服务数字平台特性，以用户需求为中心，以平台核心资源和能力为依托，运用平台技术体系连接整合多方价值资源，并将其投入生态化情报服务协同体系建设，为全流程的标准情报服务场景提供能力支撑，有效地推动了标准情报服务数字平台的价值共创，为标准情报服务创新注入了价值成长新动能，使其得以与时俱进和不断迭代升级，实现更高层次的服务能力与资源整合及价值重构（Xiao et al.，2020）。

2.4 数字平台驱动标准情报服务创新的实现机制与路径

面对数字化变革的时代要求，数字平台作为标准情报服务的战略切入点和创新抓手，为情报服务创新提供了新的发展空间。捕捉前沿技术风口，在明晰数字平台驱动标准情报服务创新价值逻辑的基础上，应当进一步探究其业务模式重构、服务价值链再造的平台化实现路径，以推进标准情报服务平台生态共同体发展和创新的持续开展。

2.4.1 数字平台驱动标准情报服务创新的实现机制

数字平台的建设，关键在于破除传统业务与数字技术之间的壁垒，促成业务和技术、数据的互补协同融合新格局。立足平台化转型实际，以情报信息化为核心，通过互联化、物联化、智能化的方式，促进情报系统各个平台功能模块高度集成、协调运作，旨在实现以情报信息"强度连接、高度共享、深度应用"为目标的标准情报服务发展新理念和新模式，这为情报服务创新发展提供了实现路径。因此，为适应业务的新发展趋势，进一步打开标准情报服务创新的平台化转型"黑箱"，本书从系统和动态的视角入手（马晓苗等，2022），对数字平台驱动标准情报服务过程的全貌展开剖析，具体如图2-5所示。

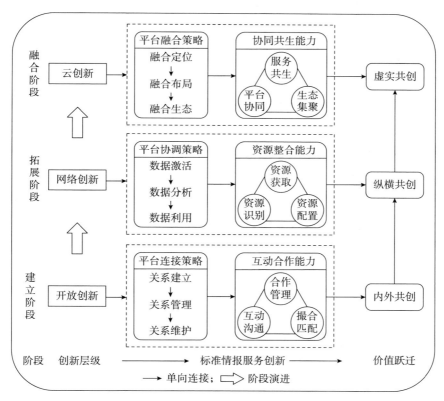

图 2-5 数字平台驱动标准情报服务创新的实现机制

资料来源：笔者整理。

2.4.1.1 平台建立阶段

在确立开放式创新层级后，通过构建平台连接策略确立情报主体之间的广泛联系，并对平台关系实施有效的管理和维护。借助数字平台连接的便利性，促进参与者开展情报协作、培养互动合作能力，彼此共生存、共适应、共进化，实现了服务价值共创关系网络的弹性扩张。同时，在愈加复杂动态的开放式创新环境下，为了满足用户现有及潜在的情报需求，平台与外部环境持续进行资源和能量的互动交换，发挥自组织、自平衡、自生长优势，从而实现内外协同价值共创。

2.4.1.2　平台拓展阶段

网络创新保持强劲增长势头，重点在基于各种数字资源的重新定义，为服务网络成员创造有利的体验价值。为响应更广泛层面的情报资源使用与资源管理需求，有效化解数据和信息系统分散、信息资源利用程度较低的难题，对情报大数据进行深度挖掘、统计、分析研判与应用，促使标准情报服务平台高效有序运转。由此，在资源的识别、获取和配置过程中，面向数据资产的增值应用塑造出良好的资源整合能力，在纵向延伸与横向拓展并举中促成价值共创。

2.4.1.3　平台融合阶段

数字平台提供了丰富的、组件化的抽取、转换和装载元件，通过数据集成和融合实现了不同系统之间的数据互通，形成数据集成工作流程以满足不同情报需求，无缝支持各种终端及各种服务场景，顶层的云创新架构已然成形。其中，在价值创造各方与终端用户直接互动的过程中，实体与虚拟空间的界限不复存在，线上和线下的协同与价值共享更为充分，衍生了愈加精简、敏捷和聚焦的服务形态，协同价值创造与开放创新进入新的发展阶段。

不难发现，随着平台生命周期的阶段性演进，在广泛连接中整合各行业现有的海量业务数据，形成业务源数据，通过时空关联服务将业务数据进行空间自动关联供情报分析平台使用，关注以资源利旧和系统向上兼容为基础的深度融合，推动各种要素共存、共荣、共进化，从而使标准情报服务完成了开放式创新、网络创新和云创新的层级稳步上升，实现了内外共创、纵横共创及虚实共创的价值跃迁，传统的标准情报服务模式也朝着数字化、网络化、科学化的方向转变，打造了整个平台协同发展的新格局（张海涛等，2018）。

2.4.2　数字平台驱动标准情报服务创新的实现路径

由上述分析可知，单一业务系统、单一维度的数据分析与运用，尚无法有效支撑标准情报服务创新的全业务流程协同场景，亟须打通全价值链条。以"整合情报资源、提升创新能力"为目标，数字平台作为以搭建情报服务架构为目标的多层级架构，在整合标准情报资源、创新服务模式的基础上，能够切实提升标准情报机构服务能力，搭建相互融合、相互促进的服务体系，完成对标准工作的流程化、系统化、自动化管理，为用户提供按需使用、按需支付、按需扩展的低成本、高质量情报服务。如图 2-6 所示，结合情报资源共享实际要求，借助平台的集成和开发功能，标准情报服务创新的实现路径由资源层、支撑层、应用层、展现层和接入层等层级构成（黄晓斌、张明鑫，2020）。

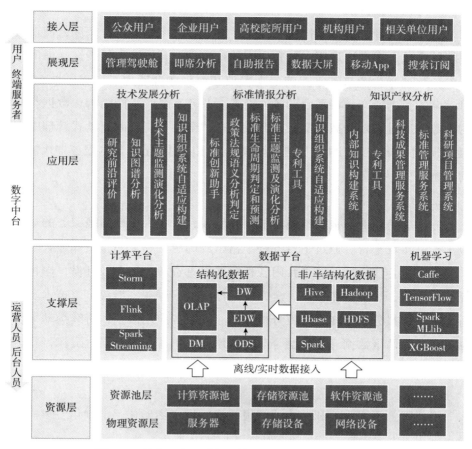

图 2-6　数字平台驱动标准情报服务创新的实现路径

资料来源：笔者整理。

2.4.2.1 资源层

资源层位于最底端，被视为基础公用的情报信息资源共享交换平台，主要由物理资源层和资源池层构成。其中，物理资源层由现有的各类情报资源管理服务器、存储设备、网络设备等构成，主要沿用已有的数据库、网络设施及服务器；资源池层即物理资源层的整合层，是将物理资源层大量相同类型的资源整合为同构或趋于同构的资源池，如计算资源池、存储资源池、软件资源池等，从而将异构的情报资源聚拢为相同核心层，在统一共享交换中提高了资源利用效率。

2.4.2.2 支撑层

支撑层负责管理平台情报资源，并对诸多应用任务进行调度，使情报资源能够高效、安全地运用，具有高度的稳定性、开放性和扩展性。借助计算平台、数据平台及机器学习的强大渠道和流程融合能力，构建可见、可用、可运营的数据资产，将平台的各种设备、业务系统产生的结构化数据与非结构化数据通过有效的数据交换与开发，在"全员参与"的互动式管理中实现"数据孤岛"的连通与协同，进而为其场景化应用及情报数据服务方式输出保驾护航。

2.4.2.3 应用层

应用层是标准情报服务创新的核心所在，旨在为标准情报服务的规模化应用提供实现平台。通过平台各种丰富组件的组合和复用，发挥强大的数据采集、资源合作力量，对平台内各种标准信息资源进行有效开发，向社会各界提供权威、快捷、多层次、全方位的标准情报服务，形成了以技术发展分析、标准情报分析、知识产权分析为核心的服务应用体系，持续推动平台自主更新，为情报数据开放、融合与增值创新提供了高效的平台支撑，打造了良好的创新生态。

2.4.2.4 展现层

展现层为不同维度和结构的情报数据提供了图形化、定制化、多样化的呈现方式，大大提高了平台的友好程度与易用性。

借助管理驾驶舱、即席分析、自助报告、数据大屏、移动 App 及搜索订阅等终端，用户及管理人员可实时掌握情报信息，并对请求方式、生成模式、分发内容、授权时间做到按需共享。在平台内容、形式和用户逐渐融合的过程中，能够显著降低情报信息资源共享的实现成本，并促使用户的服务体验不断优化。

2.4.2.5 接入层

接入层可对公众用户、企业用户、高校院所用户、机构用户和相关单位用户等多源数据进行统一载入、分类、开放及存储，也可按照用户的个性化要求定制开发接入、共享接口模块，使其在数据接入共享应用方面更加符合实际情报需求，有效解决了同一数据多源头、多差异的问题。同时，通过接口方式对外提供数据接口服务，并对接入过程实施全程监控和支持，既能统一简化应用层的开发模式，又可快速向不同对象提供针对性的标准情报服务，精准服务能力彰显无遗。

由此可见，标准情报服务创新是通过数字平台架构的变革创新实现的。利用数字平台开放互动优势，通过深化资源要素集聚、打造技术支撑环境、部署系统集成应用、开发可视化界面、无缝融合接入等路径环节，搭建高度无界化的标准情报服务平台，赋能创新、发展增量，为情报服务新模式、新业态提供了全域场景式孵化。随着各层分级日渐明确、相互解耦，完整的标准情报服务创新战略安排已经形成，使标准情报服务创新实现了阶段性跃升、递增式发展。

2.5 数字平台驱动标准情报服务创新的推进策略

随着数字平台成为标准情报服务创新的新动能，数字平台建设场景应用将催生更多不断迭代的新技术、新服务模式，以更多互动、共享、弹性、精细的范式重新定义标准情报服务的发展方向。

基于前文对数字平台驱动标准情报服务创新的价值逻辑与实现路径的理解和把握，结合经济社会发展需求，应当进一步探讨未来标准情报服务创新的推进策略（见图2-7），以构建高质量的情报服务体系，获取数字化创新的时代红利，实现持续增长。

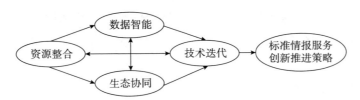

图 2-7 数字平台驱动标准情报服务创新的推进策略

资料来源：笔者整理。

2.5.1 数据智能策略

面对海量用户的数据资源异质性，注重改造提升传统数据中心功能、加强数据资源利用能力，成为推动标准情报服务创新的主要着力点（Wang et al., 2022）。采用数据资源"聚、通、用"的思路，探索数据生产要素高效配置机制，通过数据监测、分析、整合及数字实时响应的方式盘活各类情报数据，深入挖掘基于用户需求的情报数据价值，提供高价值的情报增值服务创新。同时，在数据资源可视化和数据智能应用的基础上，打造平台的数据汇聚联通、存储计算、数据开发、数据服务、数据管理等能力，全面掌控多维度信息、挖掘关联线索，对未来标准情报服务创新进行各种长短周期的模拟推演与策略制定，以便有效调整服务流程和方式，提高服务的准确性、高效性和灵活性，从而创造更多价值。

2.5.2 资源整合策略

为满足用户的个性化情报需求、适应情报服务流程的变革，需要对异构资源实施统一管理、动态分配和调度，这对平台的扩展功能和整合能力提出了更高要求。在平台化管理中，通过多渠道资源整合将静态分配的情报资源池化，以低成本、高效率的方式打破"资源孤岛"、积累数字资产，实现资源的整合、重组与再融合，这既能够提高资源利用率，又可通过快速部署、动态分配等响应用户对情报资源的紧急需求，而且基于数据采集、标准化、存储等技术手段，提供针对不同类型资源的存储与信息提取服务，能够解决用户对各类情报数据复杂多样结构的整理问题，为标准情报服务创新发展提供了精准的风向标。

2.5.3 生态协同策略

数字时代，要求一切以生态为主要创新业务载体。随着标准竞争日趋白热化，情报主体之间的相互依赖程度逐渐提高，情报信息互动也愈加频繁，发挥数字平台的簇群化、体系化、生态化运作优势便显得尤为重要，而且标准情报服务从创生到不断演进，实质上是一个开放式耗散结构不断演化、自组织的过程。因此，通过确立多元生态协同体系、打造开放协作共享创新平台，在融合互动中调用外部资源进行平台化扩张，建立生态凝聚力从而形成数字服务生态共同体，以适应复杂多变的标准情报服务需求、强化抗风险能力，方可在层层过滤与筛选中立于不败之地，使标准情报服务始终焕发生机与活力。

2.5.4 技术迭代策略

在数字平台建设过程中，数字技术正成为新一代信息技术的进阶迭代，是标准情报服务价值增长的核心要素（Wiredu et al.，2021）。深度数字化技术的共享性、通用性、连接性、体验性及规模性等特征要求规划并构建整体性技术框架，包括策略、技术架构、技术规划、参考模型等内容。这意味着，需要积极重视技术迭代应用，深化技术赋能，助力标准情报服务创新发展、持续扩容。例如，基于云计算平台、存储平台、数据平台、统一接入平台等构建共享技术平台，大力发展数据资源协同管理技术、数字连接技术和数据分析技术，发现潜在规律、预测未来趋势，以抢占标准情报服务创新制高点，确保创新过程的高效率、灵活性和扩展性。

总体而言，进入以数字化为生产力的新阶段，连接广泛化、资源共享化、能力体系化深刻改变着传统的标准情报服务范式，并对原有的服务价值链造成冲击与挑战，加快推进标准情报服务创新已成为开拓发展空间的必然选择，而数字平台恰好为其蜕变升级提供了关键驱动力。基于数字平台背景探究标准情报服务创新的生成、演化和发展规律，不仅是释放标准情报服务价值的迫切需要，更是探索服务新模式新业态的题中之义。本章在回顾总结以往研究成果的基础上，对数字平台驱动标准情报服务创新的动因展开分析，并就其内涵和特征作出界定。依据服务创新理论对数字平台驱动标准情报服务创新的价值逻辑进行探讨，揭示了数字平台驱动标准情报服务创新的实现路径，随之提出相应的推进策略，以期构建互联互通的平台化标准情报服务新生态，并为塑造标准情报服务新体系提供有力保障。鉴于数字平台建设在中国尚处于起步发展阶段，如何挖掘其新功能、新价值来捕捉标准情报服务全新增长点，促使"平台＋服务"为创新发展蓄能，仍需未来研究予以重点关注。

数智驱动下标准情报场景化服务的价值创造机制

进入万物互联时代，以大数据、人工智能、移动互联网、云计算为代表的数智信息技术迅猛发展，标准情报信息的分散化、碎片化趋势愈加凸显，传统的标准情报服务模式正在经历颠覆式重构，由场景主导的标准情报服务范式应运而生。场景作为服务价值体系的新兴业态，突破了以往情报业务和产品供给单一固化的局限，俨然成为构筑服务价值新高地的关键利器（王学昭等，2023）。在精准洞察用户深层次需求的基础上，融合场景化要素连接情报服务供需关系网络，不断为用户开辟新的服务场景，助力标准情报服务持续迸发价值创造新动能。

追本溯源，标准情报服务的价值创造需要适应纷繁多变的场景特征。随着标准竞争态势的日趋激烈，运用数智技术拓延情报服务实践应用场景（吴玉浩、刘超，2022），将标准情报服务置于用户的场景化需求中，在动态场景中捕捉用户的情报需求痛点，提供适配不同场景的个性化靶向服务，可助力标准情报的价值释放与转化，使其更高效地服务于国家战略需求与产业发展要求。在此形势下，尽管部分学者已关注到情报服务的场景化应用趋向，却大多停留在重要性阐述与形势探讨层面，现有的标准情报场景化服务相关研究成果较少且视角较为分散，尚未构成系统化的理论分析框架。场景要素在标准情报服务领域嵌入渐进渐深，但对其创造、传递和获取价值的机制和实现路径还鲜有问津（彭国超等，2023），因而无法为标准情报服务的场景化效用发挥予以准确、有效的方向指引。基于此，为响应数智驱动的价值主张，本章遵循场景理论的研究脉络，将场景视为价值创造载体，旨在探讨数智技术赋能标准情报场景化服务的价值创造机制，厘清场景化服务的价值产出逻辑与实现路径，以期打造标准情报场景化服务新生态，为情报服务工作实现高质量发展提供参考借鉴。

3.1 数智驱动下的标准情报场景化服务

随着数智技术在标准情报服务中的渗透和嵌入，用户的情报行为和习惯发生深刻变革，场景价值逐渐开始显现，场景化服务模式初具规模。事实上，以场景作为情报服务的接触点和分享的触发点，数智技术对用户行为的描述与需求的挖掘，正是根植于丰富的交互场景及其催生的海量数据。这意味着，场景争夺已成为标准情报服务升级与模式创新的必由之路。

追本溯源，情报服务的核心是未被满足的用户需求，而数智时代对用户数据的挖掘及用户需求的洞察皆发生了显著变化，情报服务应用场景开始展露价值锋芒。场景作为面向用户获取信息、开辟实时精准的信息传播与服务渠道，有助于洞察用户现有的痛点和诉求，据此提供富有价值的情报产品与服务，打造了较高的服务体验和服务转化率（曾子明、孙守强，2019）。鉴于此，以场景为连接方式，学术界已意识到科技情报服务场景的延伸趋向（李白杨等，2020），提出了场景化智慧数据所驱动的科技情报服务模式（王益成、王萍，2021），并就情报工程服务机制的场景化应用进行实践用例分析（李阳和孙建军，2022），为情报服务提供了价值创造新方式。然而，数智时代对情报领域的渗透与重构是全方位、立体化和多层次的（Vial，2019），情报服务应用场景也随之不断细化，数智驱动已成为标准情报服务发展的重要力量。但是作为新兴领域，标准情报的服务范围、服务对象及服务形态均在发生变化，秉持数智思维的标准情报服务研究范畴有待扩充，仍需加强新时代背景下标准情报工作的服务体系研究，以便抢占标准情报服务价值先机，提升标准情报服务的数字适应性。同时，以往研究并未明确给出情报服务与场景化融合创新的发展路径，尚难以完全阐释标准情报服务场景化的价值创造规律，对标准情报服务的场景化应对策略也知之甚少，以场景为中心的情报智能研究还有待深化。

因此，基于数智驱动新时代背景，本书将场景纳入标准情报服务研究视野，着重对其价值创造的逻辑、路径及策略展开分析，构筑"需求—场景—价值"的整合性理论分析框架，以期把握标准情报服务价值的关键要素和未来趋势，在场景化互动中满足用户深层次的标准情报需求，使标准情报服务向场景要效率、要效益，为标准化战略决策管理提供支持。

3.1.1 数智驱动对标准情报场景化服务的影响

大数据和人工智能等新技术被广泛应用于标准情报服务领域，不仅打破了传统服务的时空界限，还引发了情报服务模式的革新，催生了全新的基于数智化技术的标准情报场景化服务业态，实现了对优质情报资源的高效整合利用（Walsh and O'Brien，2021）。在传统的标准情报服务供需关系基础上，双向反馈的信息流已然成形。以往多侧重情报服务交付的完成，而依托产品、互联网基础设施、移动设备、社交媒体及大数据所共同建构的丰富场景，当前更为关注整个情报服务过程前后与用户之间的沟通，以及对用户反馈信息的收集与分析，其标准情报服务环节具体差异对比如图3-1所示。

图3-1 标准情报服务环节的差异对比

资料来源：笔者整理。

3.1.1.1 对情报服务对象的影响

鉴于数智化时代的用户始终处于不断变换的碎片化场景中，用户可随时随地获取信息，其标准情报需求也会随场景的更迭而不断变化，这对情报数据即时感知能力和不同业务间的快速转换能力提出了更高要求。因此，有必要借助数智技术构建体验式服务场景，瞄准用户需求设计面向场景的解决方案，将标准情报服务场景化要素与用户情境因素予以关联和适配，从而精准地将服务内容与场景深化融合，结合场景嵌接实现情报数据的精准化输出，为用户提供更加多元化和个性化的情报服务。

3.1.1.2　对情报服务范围的影响

大数据的产生导致标准情报的数据更多源、结构更复杂、规模也更为庞大，用户对标准情报质量的要求也随之"水涨船高"，既往的片段化、局部性的服务模式已无法有效满足需求，高质高效的情报数据资源体系亟待确立。此时，通过打破情报数据流动的边界壁垒、提升高频带动低频场景化服务的能力，有助于及时获取标准情报以解读市场和技术趋势，了解竞争对手的标准化动向和策略，由此识别领域重点及热点主题、把握领域发展概况，进而为标准化战略制定提供决策支持和科技预警。

3.1.1.3　对情报服务方式的影响

人工智能、大数据、云计算及移动互联网等技术的兴起，使标准情报数据更易捕捉，为标准情报服务的创新发展厚植了丰富的技术土壤。在重点服务环节逐步建立信息化、数据化应用场景，从中整合各终端和入口的情报数据，使提供情报数据清洗、挖掘及整合的"一站式"服务成为现实，这确保了所采集数据的准确性和完整性，并可将其自动分类、整合和分析，有利于情报数据价值的探寻与释放，显著提升了标准情报工作效率和质量水平。

3.1.2　数智驱动下标准情报场景化服务的内涵及特征

数智时代的全新语境下，大数据与人工智能技术为整个商业社会提供了诸多潜在利用场景（杨倩、林鹤，2023），孕育出全新的标准情报场景化服务业态，成为赋能情报价值提升的重要突破口。因此，为了清晰地界定数智驱动下的标准情报场景化服务内涵，与标准情报服务的感知、收集、处理、分析、应用与反馈等环节相对应，本书将标准情报服务的主要场景形态予以辨析，具体如表3-1所示。

表 3-1　标准情报服务的主要场景形态

服务场景	服务重点	价值效能
感知场景	捕捉用户注意力	建立用户对情报解决方案的需求
收集场景	全方位多渠道搜集	动态获取可靠、高价值的信息资源
处理场景	挖掘情报潜在内涵	辅助标准化战略决策
分析场景	发现并预测发展趋势	提升情报工作模式的成熟度
应用场景	互通、互联、互操作	多维度、深层次、预警性的情报信息支持
反馈场景	稳定情报供需关系	促进情报服务模式迭代升级

资料来源：笔者整理。

　　场景复兴，万物互联。在数智化时代，无论是对用户数据的收集与分析，还是对用户需求的理解，抑或是对情报产品的设计，整个标准情报服务流程均需以场景为价值载体。以场景化资源管控、实时决策为引领，全场景化服务体系可针对不同情报服务运维场景提供信息流的场景化呈现和推送，助力运维人员快速完成情报数据与工具的整合，将跨界的数据和工具功能与日常服务场景相融合，由此构建面向具体情报服务场景的全息视图，形成完整的标准情报服务链条，为自身赢得了更为广阔的价值成长空间。因此，本书认为数智驱动下的标准情报场景化服务，是以数智技术为驱动力、以满足用户深层次需求为中心，通过场景连接促进更大范围内的情报数据流转、实现更高的情报协同价值、塑造更优的情报服务生态，以此打造全流程"一站式"服务体验，赋能标准情报服务模式持续迭代升级，为标准化战略科学决策提供有力支撑，且主要呈现连接性、多元性、交互性特征。

3.1.2.1　连接性

　　标准情报服务的场景化不仅是传统技术和服务手段的升级，更是以情报数据为核心的互联互通管理。凭借工具手段、用户管理、服务资源及服务成果等多维数智化来无缝连接用户需求，开展端到端的流程梳理和优化，挖掘体验中的痛点问题并及时跟进反馈，进而为用户提供全生命周期的数字化场景服务，实现全流程共创共赢。

3.1.2.2　多元性

　　标准情报场景化服务的蓬勃兴起，正是得益于数智技术的不断发展。随着现有技术不断成熟与新技术持续涌现，标准情报服务的场景化多元升维愈加普及。在做好专业服务的基础上深挖用户现实情报需求，搭建丰富多样的服务场景，针对各类需求所对应的场景持续优化产品和服务设计，解锁了标准情报全链路服务的新可能。

3.1.2.3　交互性

随着场景建构与数智技术的有机融合，标准情报服务逐渐由情报分享的便捷高效为主，向以聚焦用户需求、提供交互体验为核心快速演进。通过交互获取用户的情报使用习惯和行为，持续将离散的数据集成动态呈现、将分散的情报需求移动实时并联，能够从中洞察用户的个性化需求，为标准情报服务创新提供了精准导向。

3.2　数智驱动标准情报场景化服务价值创造的逻辑解析

标准情报场景化服务以用户及其所处的场景为中心，将人工智能、大数据和云计算等碎片化要素相整合并嵌入情报服务场景，提供特定场景下与之相匹配的个性化服务，可有效适应用户情报需求的新变化，发挥各要素集聚所产生的整体效能，充分契合了数智时代发展大势。因此，深入分析标准情报场景化服务的价值创造过程，便成为激发标准情报服务新动能的关键。

3.2.1　数智驱动标准情报场景化服务的需求分析

面向用户创造价值，是标准情报场景化服务的出发点。随着标准情报工作的演进，用户场景日益多元，而任何卓有成效的标准情报服务，实际上均占据了用户特定场景，且在场景中满足了用户需求。因此，针对场景中用户情报行为与数据的有效洞察、分析与解读（Hussain et al., 2021），已成为标准情报服务的重中之重，故结合场景调查明晰用户需求偏好愈加体现出其必要性。

3.2.1.1　用户需求调研设计

为准确客观地反映用户对标准情报场景化服务的现实需求情况，揭示其标准情报服务场景需求类型，本书采用半结构访谈的方式展开调研。从访谈样本来看，由于企业是标准情报服务的主体对象（彭国超等，2023），所以选取企业产品、技术和项目管理人员作为访谈对象，其所在企业皆具备一定标准化工作经验，对标准情报的资源与服务有所了解，且均具有场景化需求经历，可确保答题的准确性和全面性。就访谈内容设计而言，主要围绕企业在标准化实践中对标准情报场景化服务的需求、经历及期望等方面进行互动式提问。针对访谈执行，本次调查于2023年3月至5月展开，本书课题组先后与来自信息技术企业和制造企业的28名受访者达成调研交流意向。其间，以一对一交流与小组交流相结合的形式组织访谈，每位受访者的访谈时长为30~40分钟，访谈保持全过程录音，并在访谈结束的24小时内整理总结内容资料，形成访谈备忘录。

3.2.1.2　用户需求结果分析

本书借助Nvivo 12软件的编码功能对原始访谈资料展开内容分析，通过扎根理论的质性研究法对其中所涉及的用户场景需求进行主题词提取，为需求类型建立层级化编码与系统化索引体系，累计形成86个初级代码、35个开放式编码。历经开放编码—主轴编码—选择编码三级处理，最终确立14个编码。基于此，运用Kano模型对用户需求予以分类和排序，进一步将14个编码划分为基本型、期望型和魅力型三个需求层次。

由图3-2可知，用户的标准情报场景化服务需求具有鲜明的层次性。其中，第一层次为基本需求，即文献和信息服务需求。该层次主要是以标准文献和标准化相关信息为中心的服务，反映了用户对于维持自身生存发展的基础共性需求。从需求的主要内容来看，既包括对于标准文献的需求，又涵盖了信息查询、信息发布和标准管理、标准分析需求。第二层次为期望需求，即知识服务需求。该层次主要是凭借标准化知识经验积淀而对用户标准化工作所提供的服务，强调了用户期待提升标准情报质量保障的需求。相关需求主要聚焦知识的理解、挖掘和应用等方面，囊括标准制修订、标准评估、知识共享、咨询服务及情报分析需求。第三层次为魅力需求，即智库和智慧服务需求。建立在底层需求基础上，该层次指代的是进一步将数智技术与专家智慧相融合的深度服务，刻画了用户对技术和标准创新发展增量的需求。针对需求内容，不仅包括战略支撑与标准化研究需求，还涉及智慧技术服务和智慧知识发现需求，由此联结构成系统化的需求层次体系。

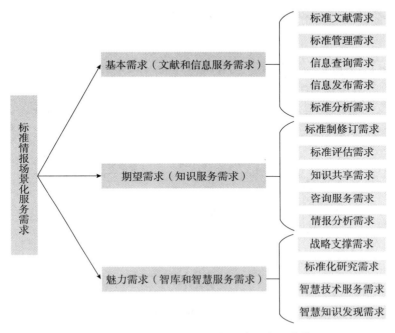

图 3-2　标准情报场景化服务用户需求层次体系

资料来源：笔者整理。

3.2.2　数智驱动标准情报场景化服务价值创造的要素模型

标准情报场景化服务价值创造以集聚多方优质资源要素为基石，以用户层次化、动态化的场景服务需求为核心，以融合数智技术与标准情报资源的服务平台为抓手，以整合用户需求、资源与服务平台的场景化关键服务要素为着力点，其价值目标在于将用户场景化需求信息与战略性情报资源予以连接匹配，经由全流程机制为用户提供精准的个性化标准情报服务。在有效满足用户场景需求后，依据需求层次体系进一步预测未来用户可能的服务需求跃迁，并提供相应的前瞻性情报服务，由此循环往复，实现了标准情报服务与用户端场景化需求的无缝连接适配，促进服务价值持续产出，具体如图 3-3 所示。

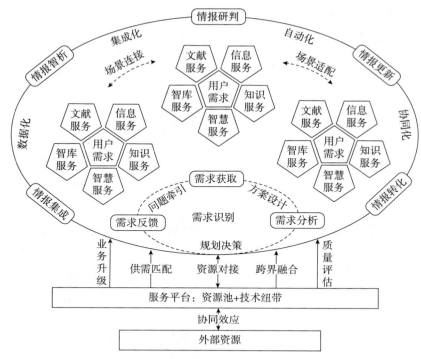

图 3-3　标准情报场景化服务要素关系模型

资料来源：笔者整理。

3.2.2.1　需求要素——场景化挖掘

标准情报服务的更新迭代伴随着用户的深度参与，使服务场景转变为一个不断挖掘与满足用户需求的动态演进过程。通过识别、分析和反馈掌握特定场景下的用户需求层次（赵志耘等，2020），提炼得到该场景下用户服务需求的典型特征，据此捕捉标准情报服务体验中的痛点，用以明确场景设计的展现细节，适时提供用户所需的相应情报服务，建构起良性的情报场景化服务生态。由此，情报产品的功能价值与体验价值得以重新定义，通过便捷与快速的场景连接引领用户需求变迁，从而带动更多服务价值涌现，为标准化战略规划决策提供支持。

3.2.2.2　资源要素——多样性整合

鉴于标准竞争渐趋激烈，加上用户场景化服务需求不断变化，需要多渠道拓延资源广度与深度，不断匹配并利用新的情报资源。数智化使情报资源具备了互联聚合的属性，赋予了资源价值增长的可持续性（许鑫、叶丁菱，2022）。通过确立覆盖面广、针对性强、专业度高的优质资源共建共享体系，满足了用户多元化的情报信息需求。同时，基于对情报资源要素使用价值的广泛深度挖掘，在资源要素有序、高速、有效的流通中促进标准情报服务价值升级，彰显了资源要素的精准保障作用。

3.2.2.3 平台要素——集成性应用

随着数字平台与移动互联网、大数据、物联网及云计算等技术的融合应用，服务平台将融合性情报资源与用户场景化需求相联结，成为标准情报场景化服务顺利开展的技术保障（Constantinides et al., 2018）。作为"纵向联动、横向协调、高效优质"的综合型服务载体，经由开放式服务平台系统整合内外部资源，匹配并利用新的情报资源向业务前端赋能，业务前端基于资源池提供面向用户需求的系统性解决方案，以此助力标准情报服务更为精准化、数据化、智能化，实现标准情报服务的效率提高与效益优化，推动着情报服务价值网络的不断重构。

3.2.2.4 流程要素——系统性优化

标准情报服务的价值实现并不是一蹴而就的，需要注重情报流程再造基础上的情报分析与利用（郑荣等，2022）。在面临业务环境和用户需求变化时，应持续推进情报集成、智析、研判、更新及转化环节之间的衔接，并梳理得到最优的场景解决方案，实现契合用户需求的数据传递、信息共享、数据同步、业务监控和服务流程优化升级，为用户打造全生命周期服务模式。由此，通过提升场景化服务的流程适应性，实现了标准情报服务的正向循环反馈，使情报服务体系趋于完备，显著加速了情报服务价值的转化率。

由此可见，因时而兴、乘势而变，以激活标准情报场景化服务价值要素潜能为引擎，需求、资源、平台及流程要素之间彼此联结、互为倚重，通过资源的沉淀与流程机制的完善，为用户需求场景解决方案提供了支持。内外部资源在服务平台的沉淀赋予了网络化协同服务能力，流程不断完善又保障了各种资源能够有效协同，在要素融汇融通中不断创造价值，从而衍生出"新需求—新场景—新价值"的服务内生逻辑，促进了"需求价值挖掘—服务价值涌现—服务价值升级"的价值创造能力提升。通过释放多要素的全场景协同联动效应，凝聚为标准情报场景化服务价值产出的强大合力，为数智驱动下的标准情报服务创新发展注入了不竭源泉、开拓了多重价值空间。

3.3 数智驱动标准情报场景化服务价值创造的实现机制与路径

数智化时代奔涌而至，场景作为标准情报服务创新发展的战略支点，为其创造了新的价值增长逻辑。洞悉新时代价值所向，在明晰标准情报服务价值创造过程的基础上，遵循价值思维要义，应当进一步探究其场景化的具体实现路径，以找准标准情报场景化服务交付的切入点，有序推进情报服务工作体系质效提升。

3.3.1 数智驱动标准情报场景化服务价值创造的实现机制

知识具有隐性、无边界、动态性、难以储存等特征，因而必须在特定的时间和空间里对其加以利用，以便充分发挥情报价值。这意味着，若要有效地开发和创造知识，就必须在一定时空范围内实现知识集聚。依据场景理论，价值的创造、增值、转移与消亡均依附于"场"，基于需求规律的供给才会产生价值。由于数智技术的广泛应用与普及，标准情报机构与用户的接触渠道和交互方式日趋丰富，可利用的情报数据挖掘与分析工具更为科学有效，新的场景不断被定义、新的情报产品不断被新需求创造、新的服务模式也持续重塑升级，理解和洞察场景变革变得愈加重要。追本溯源，服务场景催生了用户的个性化、多元化、差异化需求，基于特定场景针对性地提供标准情报服务，将服务内容同用户现实需求相对接，更易于切中用户痛点、引起用户共鸣、提升用户黏性，这有助于从源头破解服务效率低下的困局，为标准情报服务高质量发展提供坚实支撑。因此，本书秉持"场景即服务"的路径导向（刘晗，2020），从全场景角度对标准情报服务价值创造的实现机制展开剖析，使其在场景化创新转型中持续更新迭代，迸发出更高水平、更高层次、更高效率的价值活力与创造力（见图3-4）。

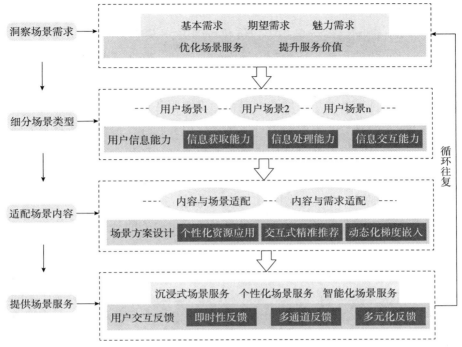

图 3-4　标准情报场景化服务价值创造的实现机制

资料来源：笔者整理。

3.3.1.1　洞察用户场景需求，锚定场景服务目标

标准情报服务的设计始于用户需求，交付终于用户体验。需求感知作为场景化服务的前提，在获取标准情报用户场景的相关数据基础上，深度剖析用户动机构成、识别用户需求层次，从中发掘该需求背后所隐含的场景价值点，据此明确服务范围与目标，构建与场景应用水平相协调、与用户新需求相匹配，且有助于推动质量和效果双向提升的标准情报服务体系。

3.3.1.2　细分用户场景类型，评估用户信息能力

服务场景不同，意味着连接方式存在差异，应根据用户所处的需求层次进行系统性和动态性的占位和设计。通过把脉标准情报用户场景需求，提炼具有内在关联的用户场景需求共性特征，精准定位与之相符的目标用户群体，据此细分得到不同用户场景类型。由此，持有相同需求的用户群体集聚为共生场景，使所输出的服务内容与用户信息能力相吻合，为标准化精准施策提

供"一站式"服务。

3.3.1.3　适配用户场景内容，优化场景方案设计

鉴于时间的碎片化、情境和空间的快速切换，场景适配并不仅限于分析理解特定场景中的标准情报用户需求，还应借助数智技术快速准确找寻并推送因地制宜的场景方案。采用高度灵活的定制服务最大限度适配用户的业务场景，以全面的开放及集成能力打造场景化服务闭环，使标准情报服务触角不断延伸、覆盖至更多场景，构建起服务化要素与场景化要素之间合理有效的联结机制。

3.3.1.4　提供用户场景服务，建立过程反馈渠道

顺应趋势、谋求发展，发挥标准情报场景化服务的价值产出效能，需要充分优化服务场景、整合服务内容、改进服务手段，并在服务过程中建立用户主动交互反馈渠道，据此提供沉浸式、个性化及智能化兼备的场景服务。同时，通过持续收集用户反馈，系统分析用户痛点并进行有效响应，不断创新优化用户体验，可促进场景化红利不断释放，为下一周期循环奠定坚实基础。

根据上述分析可知，深化场景化创新不仅是赋能标准情报服务价值创造的实现机制，更是数智新时代推动情报工作体系重塑重构的动力机制。随着全生命周期的场景化服务阶段性演进，从需求识别、场景细分到场景适配，直至场景服务开展，呈现衔接有序、逐级递进的发展态势，实现了服务价值的跃迁式蜕变。由此可见，通过场景升维延伸不断优化标准情报服务模式，持续提升用户体验与服务交付效率，已然成为标准情报服务践行高质量发展的全新路径取向。

3.3.2　数智驱动标准情报场景化服务价值创造的实现路径

场景化服务是数智化时代的深层次变革。鉴于不同场景下的标准情报服务方式具有多样性，实现价值创造的关键便在于能否系统把握所处情报应用场景内的关键要素。以感知识别用户需求为出发点，依存于高效的资源整合、便捷的技术支持来保障最终的场景化服务成果产出，促进服务过程中的价值创造与增值，其具体实现路径如图 3-5 所示。

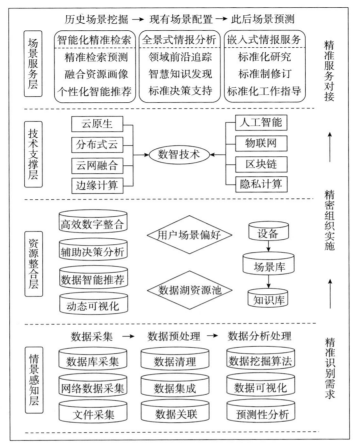

图 3-5 标准情报场景化服务价值创造的实现路径

资料来源：笔者整理。

3.3.2.1 情景感知层

场景化服务立足于对标准情报数据的精确收集与充分利用。为了对用户群体情报习惯、行为偏好、标准制修订等情况作出精准分析，经由数据库、网络和文件采集相关数据，并借助清理、集成及关联等手段对其进行预处理，采用标签集合的形式对用户群体特征予以准确刻画（郭长青、侯勇光，2023）。通过数据深入分析来识别和定位用户需求，挖掘和洞察用户偏好的情报数据，便可对用户进行服务和产品的个性化定制，提供匹配特定场景解决方案的品类组合。

3.3.2.2 资源整合层

资源不仅是保障场景化服务开展的重要支撑，更是激发场景化服务创新活力的重要内容（Wang et al.，2022）。基于大数据的整体感知与情报全局智能关联分析打破了情报主体间的信息壁垒，使资源利用和获取的种类、渠道与方式得到极大丰富，为标准情报资源整合提供了先决条件。面对丰富的数据湖，资源池选择，如何高效利用优势资源破除情报服务过程中的信息不对称、服务链条不完整等创新桎梏，实现情报共通、资源共享、成果共用，成为场景化服务价值转化的焦点。

3.3.2.3 技术支撑层

标准情报场景化服务离不开先进技术架构的参与和支持。物联网、区块链、云原生、云网融合及人工智能等数智技术趋于成熟，既为标准情报体系持续升级铺设了基础底座，又为服务范围实现宏观拓展、微观延伸和跨域突破提供了可能（曾文等，2022）。通过供给端与需求端的无缝对接，多样化的场景连接机会得以充分挖掘和利用，促进了情报信息的即时即地获取与交换共享，以泛在、及时、精准的信息交互方式显著降低横向协作成本，推动场景化服务质量效益的提升。

3.3.2.4 场景服务层

场景化服务顺应了标准情报业务融合发展趋势，可围绕具体场景的不同应用与衍生服务进行整合、打包和推送，借助平台开放交互为用户精准提供更为便利的一体化服务体验。在数据互联互通环境下，通过数据的资产化运营就不同场景予以挖掘、配置及预测，有针对性地开展智能化精准检索、全景式情报分析和嵌入式情报服务，并在核心服务业态之外进一步发展关联业态、衍生业态，充分释放标准情报场景化服务的价值增长潜能。

总体而言，以数智驱动新增长为主线，强化对用户需求的敏锐感知能力，提高对情报资源的整合利用能力，夯实对大数据的分析、挖掘和处理能力，已成为场景化助推标准情报服务迭代升级的必然要求。以需求识别、组织实施和服务对接为价值牵引，以全面整合情报、全维数智研判、全链跟踪反馈为全场景化服务价值目标，情景感知层、资源整合层、技术支撑层及场景服务层等路径环节相互贯通、内在统一，构筑场景融合的情报服务价值新生态。

3.4　标准情报服务的场景化应用分析

人工智能、物联网、云计算、区块链等技术的快速发展给传统经济和社会形态带来深刻影响，推动各行各业变革，激发出无限创新活力，标准情报服务也不例外。因此，紧跟数智驱动新时代发展趋势，为了进一步印证标准情报场景化服务的价值创造机制，本书根植于中国的标准情报工作现实实践，选取典型场景化应用予以实例验证。

3.4.1　场景化应用一：5G 标准情报服务

随着万物互联时代的到来，国际上对 5G 行业战略话语权的争夺日趋白热化。技术标准作为战略竞争制高点，借助标准情报服务对其全球竞争态势进行分析，已成为开展战略布局、战略攻防与战略应对的基础前提。

事实上，融合大数据、云计算、物联网和人工智能等技术所搭建的 5G 标准信息服务平台，正是标准化工作者查询标准、获取标准、了解标准化工作的重要途径。紧紧围绕 5G 连接、技术创新、行业及消费应用等用户需求，整合各类标准数据与标准委员会数据构建标准数据检索引擎，向用户全面即时提供涵盖 5G 行业标准资讯、标准大数据查询、标准技术咨询、标准比对、标准研究等内容的"一站式"综合服务。同时，构建标准文本公开服务体系，并与业务系统有机联动，实时开展 5G 标准制修订过程意见征集、标准发布实施情况反馈，面向用户提供标准信息公开共享的解决方案。此外，借助 5G 标准制修订全生命周期服务，还可实现对项目提案、项目评审、计划下达、标准编制管理、业务报批、阶段状态监控、标准调整单和修改单流程管理及标准复审等全过程的统一管理，为用户提供详尽的信息化管理解决方案。进一步地，以标准为纽带，为了改变 5G 产业力量相对分散、标准创新合力还未构成的困境，标准数字化服务系统连通技术、专利、成果、标准及资金等资源要素，经由自动语义分析 5G 标准之间的数据关联、生成标准元数据关联结构，据此进行指标抽取并生成初步比对结论，得到基于标准内容深度挖掘的解决方案，予以 5G 标准动态分析和标准情报跟踪有力支持，同时也可为标准化战略科学决策提供依据。

值得注意的是，随着 5G 产业标准必要专利许可环境的复杂化、国际化、差异化特征愈加突出，针对标准必要专利的情报服务需求也日益高涨。通过进一步打通知识产权创造、运用、保护、管理及服务全链条，促进创新链、产业链、资金链和人才链深度融合，织牢织密知识产权运用网，可推动构建规范、开放、高效的标准情报工作体系，探索更多专利服务应用场景。同时，统筹聚合专利优势技术与专业力量，通过加强 5G 产业领域内的专利导航成果、数据、产品、工具等的系统集成和迭代升级，搭建专利服务供需两端匹配撮合的桥梁，可形成需求牵引供给、供给创造需求的良性服务生态。由此，标准情报服务层次和体系得以优化，且能够准确响应产业决策、技术研发、企业经营、区域规划、双招双引等各类需求，助力提升中国 5G 产业发展的质量和效益。

3.4.2　场景化应用二：元宇宙标准情报服务

元宇宙是对现实世界的数字化扩展，是数字技术所创造的具备虚实映射交互能力的数字空间，是数字化发展的重要阶段。为充分发挥数字经济产业优势，紧握元宇宙产业发展机遇，做好元宇宙新赛道标准化布局，推进元宇宙标准体系建设已成为大势所趋，这就要求发挥标准情报服务的多重赋能效应。

以"灵境泛在互联"为抓手，在准确把握元宇宙虚实映射、虚实交互、虚实融合的演进规律基础上，系统梳理元宇宙标准化的实际需求和相关标准现状，统筹考虑各类关键技术标准体系间的协同互认关系，据此明晰情报服务体系的内容要素。一方面，聚焦沉浸计算、新型显示、感知交互及区块链等关键领域需求，借助科技与数据手段搭建"一站式"元宇宙标准情报服务平台，结合外部数据、客户反馈数据、内部运营数据、实地调研等全域数据的收集与分析，建立全面的元宇宙产业标准研究及咨询数据库，以解决情报信息采集、处理、识别、理解和反馈各环节的一致性匹配问题。通过系统的数字产业、产业数据化研究，面向企业、政府单位、金融机构等不同用户提供相应的情报产品与服务，包括但不限于标准化战略规划落地、咨询方案及数字化场景解决方案。另一方面，为了促进新业态持续健康发展，深入开展以元宇宙为引领的新兴产业、未来产业标准化研究，积极参与国家相关标准制定，强化国际标准的对接研究。通过密切跟踪国内外最新动态来探索标准化领域发展新方向，在基础设施、交互终端、数字内容、系统集成等层面制定一批适用各类应用场景的前沿标准，以确保元宇宙虚拟产品与服务在场景中合规使用。

然而，技术发展是一个动态演进的过程，这意味着元宇宙标准制定也会是一个递进发展的过程。以自主创新和开放协同为推进路径，以云、链、算行业资源一体化服务能力为发力点，致力于打造统一性和完整性兼备的标准情报服务体系，有助于实现全产业链标准掌控、互联互通，提前布局抢占行业话语权。例如，中国移动率先开展元宇宙标准化研究，牵头制定的 GSXR 标准开创了国内元宇宙领域 XR 终端的先河。无独有偶，阿里巴巴和华为均为全球首个元宇宙国际标准组织的创始成员，在开放元宇宙的标准制定工作中扮演着重要角色。由此可见，为了满足元宇宙标准体系建设的共性需求，企业、高校、科研院所及行业协会等不同主体可联合开展元宇宙关键技术标准研究，确立可充分共享、可重复使用的规范化服务系统及其准则，推动元宇宙数字内容的构建和发展。

3.5　标准情报场景化服务的效能提升策略

数字化浪潮奔涌而至，标准情报服务面对的不再是传统的竞争环境。适者生存，其应对之策也需作出相应改变。为了紧抓数字科技蓬勃兴起的历史机遇、迎接竞争情报环境的不确定性挑战，加速推进标准情报场景化服务进程、实施全方位变革，成为标准情报服务业高质量发展的重要着力点。因此，基于前文对数智驱动标准情报场景化服务价值创造机制的探讨，本书将进一步分析提升其创新效能的具体策略（见图 3-6），为做好新形势下的标准情报服务工作提供参考借鉴。

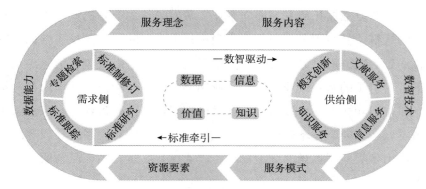

图 3-6 标准情报场景化服务的效能提升策略

资料来源：笔者整理。

3.5.1 转变服务理念，丰富服务内容

需求与供给是最根本的时代要素，然而当前标准情报机构的资源角色和地位逐渐弱化，与之相对应的是用户表达权、参与权、选择权的崛起。随着用户需求向更深更广的情报分析领域拓展，应主动与用户建立强连接关系，并将服务范围拓展至用户全生命周期，从标准评估评价、数据统计分析、标准竞争力分析、标准前沿分析等服务项目入手，持续为服务内容注入时代内涵。同时，通过前端服务沟通，将用户的反馈与建议输送至后端服务部门，能够在群体创造、多向交互中快速提升标准情报服务效率，并可精准洞察和实时满足用户需求，使服务价值与用户黏性得到显著强化。

3.5.2 应用数智技术，重构服务模式

随着大数据、云计算、5G、物联网、人工智能等数智化新技术的持续演化，传统服务模式已无法支撑现有业务的迅速发展，导致技术架构体系不断发生迁移。面对情报系统的复杂性，为了优化用户体验，应顺势将技术赋能用户，结合用户需求更具多样化、体验化和个性化的特点，激发新需求。同时，将技术赋能供给端，使标准情报生产供应更为柔性化、智能化和生态化，以满足用户持续动态变化的个性化情报新需求，形成新供给。由此，在新技术支持下，新需求和新供给之间达到动态平衡和新连接，以此推动标准情报

服务模式的优化与重构，打造以个性化、精细化、定制化为代表的全新服务模式，释放服务价值增长新动能。

3.5.3　整合资源要素，培育数据能力

数智化的核心在于数据，用数据驱动服务、提升服务效率、实现决策智能化，是标准情报服务数智化的目标所在。这意味着，数智时代的"新服务"需具备融合数据和智能形成反馈闭环的能力。因此，立足于数智环境，应突破资源壁垒、全方位整合内外部数据源，充分发挥海量数据和丰富场景优势，在数据采集、清晰、归档、分析的同时，注重在场景感知、分析与预测方面的数据能力建设。基于数据分析捕捉标准情报服务所存在的问题，迅速追本溯源并制定相应的行动策略和解决方案。新的情报行为产生新的数据，进而针对新数据查摆问题，借助数据效率倍增效应推动标准情报服务流程、资源配置和管理方式的快速循环迭代，塑造数智化时代服务创新的核心竞争力。

总体而言，进入以数智化为生产力的全新阶段，连接多样化、需求层次化、要素融合化深刻改变着传统的标准情报服务价值理念，并为情报服务范式变革提供了绝佳机遇，加快转型升级已成为提升情报服务质效的必然选择，而场景延伸正是释放其价值动能的关键所在。因此，立足于数智驱动背景探明标准情报场景化服务价值创造的内在机制，不仅是补齐标准情报服务短板弱项的迫切需要，更是塑造情报服务创新发展新优势的题中之义。本章在回顾总结以往研究成果的基础上，全面阐述了数智时代对标准情报场景化服务的影响，对数智驱动下的标准情报场景化服务内涵作出清晰界定，并对其现实特征加以刻画。运用访谈调查法对场景化服务需求展开分析，据此建构了面向标准情报场景化服务价值创造的要素关系模型，进而揭示其价值创造的实现路径，并结合典型场景化应用案例予以验证，深入诠释了标准情报场景化服务的价值创造机制，以此为提升新形势下的标准情报服务效能提供参考。

第一，深耕用户需求，持续优化用户体验。区别于传统的标准情报服务，场景化服务更注重为持有不同需求的用户提供个性化服务。因此，应当培育

敏锐的场景感知和把握能力，加大焦点领域的情报数据采集力度，在区分不同服务场景形态的基础上深挖关键需求特征，以便洞察情报服务对象及其情报需求层次，基于服务痛点探索可行的场景解决方案，实现情报服务供给与用户需求的精准匹配，进而创造更好的用户服务体验。

第二，融合多方资源，发挥资源协同效应。在标准竞争环境日益复杂多变的形势下，标准情报服务若要实现可持续发展，就必须在过往资源利用方式的基础上勇于创新与颠覆，构筑多方汇聚、同数同源的资源基座。也就是说，秉持多方参与、资源互补、共建共享的原则，以情报数据资源开发利用、共享流通、全生命周期治理和服务保障为重点，形成覆盖全域、统筹利用、统一接入、灵活服务的情报数据要素资源体系，加强协同效应，破解场景融合狭窄、数据资源难以盘活的困局。

第三，加快技术创新，构建多维交互渠道。数智技术应用与情报服务模式结合的进程正快步前行，应借助大数据等各种先进技术和平台开展交互数据的深度挖掘和开发利用，生成用户体验—反馈—优化机制。在前沿技术创新与情报数据资源的协调发展推动下，可显著加速服务要素整合、业务系统集成和服务模式创新进程，促进场景化服务的数字化、智能化、精细化水平提升，为标准情报场景化服务提供源源不断的价值增量。

知识生态视角下标准情报系统
的演化与治理机制

随着中国经济社会迈入高质量发展阶段，加快建设协调配套、简化高效的标准化体系，强化标准在新发展格局中的基础引领作用，已成为捕捉新时代战略机遇的必然选择。然而，面对百年未有之大变局，各种不确定不稳定因素层出不穷。企业的生产经营环境更为复杂多变，市场竞争态势也愈演愈烈（鞠英杰、游雪雯，2018）。面临复杂严峻的风险挑战，为了提升标准化工作的科学性和有效性，企业需要全面把握所处的外部环境特征，这凸显了标准情报对标准化创新发展的重要性。通过构建完整的标准情报协同生态，着力培育和激发标准情报在决策支持中的前瞻价值，能为经济社会的持续健康发展增添全新动力。

追本溯源，标准化工作的关键之处在于准确提供标准情报信息，而标准情报工作的实质是与知识寻找、发掘和创新相关的系列实践活动。在系统性、通用性的标准需求驱动下，标准化项目的专业化分工程度不断加深，情报知识也愈加多元化，而单一企业并不具备独立完成整个标准情报工作流程所需的全部知识资源。在此形势下，为了凝聚推动标准化战略实施的强大合力，建构在知识生态基础上的标准情报系统应运而生（储节旺、夏莉，2021）。以知识为联结纽带，这一开放式系统从整体上审视环境与企业间的互动关系，在知识交换和整合中寻求技术与社会因素的良性平衡，由此使标准情报源得以更新和拓宽，并推动着标准情报真正服务于标准化创新发展（汪社教、马建军，2011）。以往学者围绕情报系统展开了广泛探讨，但多以竞争情报、图书情报、应急情报、军事情报等为研究对象，聚焦标准情报的研究成果较为缺乏，既得研究结论是否同样适用于标准情报情境、适用程度也犹未可知。情报生态作为近年来的新兴研究议题，知识生态视角恰好为标准情报系统开拓了全新研究思路。因此，本章由注重整体协调性和外部适应性的生态学思想入手，依据知识生态学理论对标准情报系统的演化机制予以探讨，据此提出相应的生态化治理机制，这有助于打造要素集聚、协同共生的标准情报系统，为标准化战略决策提供全方位服务支持。

4.1 标准情报系统研究中生态理念的引入

4.1.1 标准情报系统

能否快速有效地吸收和利用标准情报，在很大程度上决定着标准化的发展方向，且对提升企业生产经营水平、推动产品更新换代、塑造企业竞争优势等起着重要作用。标准化被视为一项整体性与系统性兼备的综合性基础工作，贯穿企业生产经营活动的各个环节。作为科技情报的衍生分支，标准情报同样是标准化工作的重要内容。循名责实，标准情报既指代对标准化活动中的科研成果产出和实践经验予以记录的标准文献，又涵盖其他领域内与标准化相关的情报资料（王博等，2015）。相应地，搜集整理企业所需的标准化资料便成为标准情报工作的基本任务，以此提供信息和咨询服务来确保标准化工作的稳步有序开展。

尽管以往研究集中阐述了获取和利用标准情报的重要性，但并未进一步明晰标准情报工作促进企业效益提升的内在规律，也未能从系统观视角来理解标准化战略制定的整体性和互动性。随着开放共赢的标准化生态范式逐渐兴起，应当重新思考各要素之间的相互作用关系，以便深入挖掘标准情报的潜在价值，进而服务于国家战略、企业技术创新及社会公众的标准需求。

4.1.2 知识生态理念的核心要义

生态学是以特定环境内的族群关系为研究对象的科学，主要是研究特定范围内生物之间、生物与环境之间的相互关系。生态系统则是由一个生物群落和非生物环境构成的整体。实际上，自然生态系统与知识生态系统有许多相似之处。自然生态系统是在一定时空范围内，生物群落和非生物环境相互影响、相互制约，凭借自然调节能力达到相对稳定的生态系统，由环境系统和生物系统组成。环境作为生物群落的物质基础，能够影响生物群落的分布；生物系统既是环境的适应者，又是环境的改造者。其中，生物系统中的生产者和消费者由于取食而形成单向食物链关系，沿着每一环节逐级向上，其个体数目和能量逐渐减少，于是形成阶梯状"底宽上尖"的生态金字塔。

鉴于此，Pór 和 Molloy（2000）率先将生态学引入知识管理范畴，正式提出知识生态系统这一概念，认为知识生态系统是由知识主体、知识与环境等要素之间相互作用、相互影响所形成的知识系统，并发挥知识流动、传递及循环等功能，对推动知识服务与共享具有重要意义。近年来，其基本原理和研究方法被越来越多地借用和移植到社会学、管理学、情报学等领域的研究中，并催生了众多研究成果和启示。与自然生态系统一样，知识生态系统同样由生物成分和非生物成分组成，知识主体可类比为自然界的生物成分，知识环境即非生物成分。知识作为知识生态系统的功能基础，在知识群落中的动态流转过程与自然生态系统中的能量循环和物质转化也有一定相似性。知识主体与知识主体、知识生态环境之间通过知识交换，形成了有机统一的整体，即知识生态系统。

近年来，开发和培育知识生态系统已逐渐成为知识生态学的研究重心。与自然生态系统相似，知识生态系统也具有鲜明的动态性与开放性。前者是生物群落和环境之间不断发生物质和能量交换；后者则是系统内部和系统之间围绕知识资源展开互动，在持续更新中发挥知识创新和知识服务效用，呈现独特的适应、学习和调控能力，从而将知识主体与环境联结为不可分割的统一整体（梁永霞、李正风，2011）。不难发现，知识生态系统是将知识主体、知识和环境视为研究对象，以追求系统交流与平衡为研究内容，并通过分析知识生态活动达到知识管理创新的目标（储节旺、夏莉，2021）。

4.1.3　标准情报系统引入知识生态理念的必要性

动态信息监测、前瞻风险预警是标准情报工作的常态，其根本目标在于解决标准化决策过程中的信息不对称问题，而标准情报系统恰好为此提供了破题之策（吴晨生等，2015）。标准情报系统作为从情报源经由情报渠道传输到情报用户而形成的标准情报集合体，是组织重要的创新预见和灵活应变机制。然而，作为一种较为新颖的情报系统，既有文献对标准情报系统的研究仍不充足，且过于强调数据、知识、技术在标准情报系统构建中的作用，未能从整体上把握标准情报系统中知识主体、知识与环境之间的相互关联性。从知识生态角度来看，标准情报系统内各知识主体的分工有所不同，通过整合各类情报资源建设多层次的标准情报体系，充分彰显了知识资源异质性和互补性的价值。知识的供需匹配驱动知识在知识主体间的交换和共享，在知识循环流动中发挥良好的自我适应和自我调节机能，进而将组织从原有的封闭状态转变为共生演化、协同创新的复杂开放式系统，保持着系统的平稳健康发展。由此可见，知识生态学思想为标准情报系统提供了极富解释力的理论分析框架。

鉴于上述分析，本书依据知识生态学理论构建基于知识生态的标准情报系统，将知识生态学与标准情报的相通之处予以总结。在明晰标准情报系统组成要素的基础上，深入剖析其演化机制，并提出相应的生态化治理机制，这有助于进一步激发标准情报服务潜力，为有序推进标准化工作提供新思路。

4.2   标准情报系统解析

4.2.1   标准情报系统的组成要素

与自然生态系统的生物学规律类似，标准情报系统内的各知识群落由不同层次的知识个体、知识种群联结而成，在历经多次循环优化后，其服务价值不断彰显，最终表现为知识群落整体功能的共同进化。在此过程中，知识主体及其所处环境之间相互影响、相互作用，在知识流动中不断涌现出系统内的集体智慧，带动整个标准情报系统的动态均衡（吴玉浩等，2019）。因此，运用生物学隐喻对自然生态系统和标准情报系统的构成要素进行对比分析，可加深对标准情报系统复杂性、系统性特征的理解（见表4-1）。

表 4-1 标准情报系统的生物学隐喻

生物学隐喻	标准情报系统
生物个体	企业、政府、用户、高校、科研院所、行业协会及标准化组织等知识个体
种群	同类别标准情报需求的知识个体集合
群落	各标准情报知识种群构成的群居共生关系
生态系统	知识主体与内外部知识环境所组成的标准化利益共同体
生物圈	各标准情报系统的统合整体

资料来源：笔者整理。

4.2.1.1 知识主体

知识主体作为持有特定情报价值观念的知识供求者，主要由知识个体、知识种群和知识群落三种存在形态组成。企业是标准情报工作的主导者，持有的技术、必要专利、科技创新成果等情报知识储备隶属知识个体范畴；随着标准化合作关系的逐步确立，企业与政府、高校、科研院所、行业协会等其他利益相关者的交流联系开始深入，跨越组织界限的标准化情报知识互动交流愈加频繁，知识个体彼此联结成为知识种群；知识群落则是知识融合集聚的最高表现形式，不同知识群落之间相互依存、取长补短，在系统整体知识量不断融合累积的过程中实现了情报知识资源的协同共生。

4.2.1.2 知识环境

知识主体无法摆脱知识环境而独立存在，知识流转也需借助特定的环境条件才可发生。在标准情报系统中，企业不仅能够借助与其他知识主体之间的标准化合作关系来获取所需的标准情报，还能够经由政治、经济、技术、文化等外部环境来不断拓宽情报知识源。通过积极响应外界变化促进知识的共享和创新，可以不断更新和完善知识主体原有的知识体系，在提升标准情报价值的过程中使系统保持健康发展。与此同时，知识主体的行为及其结果反过来也会影响和改变环境特征，在准确评估知识环境的基础上捕捉潜在发展机会，使标准情报系统朝着对自身有利的方向演化发展。

4.2.1.3 知识

知识作为标准情报系统的核心要素，不同层次的知识存量水平是组织变革成长并赢得竞争优势的动力来源。通过提升系统内的知识资源配置与利用效率，能够为企业带来可观的边际收益。在知识流动过程中，知识主体和知识环境间维系动态联系，企业得以获取标准化活动所需的异质性和隐性知识资源，形成自身难以复制的资源优势，由此为优化和提升标准性能奠定基础。随着知识循环往复的产生、消耗和再生过程，企业可根据情报知识的实时反馈实现进化和有序化，为标准化决策提供精准有效的知识服务支持。

由上述分析可知，标准情报系统作为一种标准化协作安排，不同知识主体围绕标准情报进行交换和共享，并将其整合为服务于标准制定的技术解决方案，可在多方联动中打破"知识孤岛"、激发情报活力，并使知识资源配置效率得到显著提升。基于此，本书构建标准情报系统的三维模型，以便清晰直观地展示各要素之间的内在逻辑关系（见图4-1）。

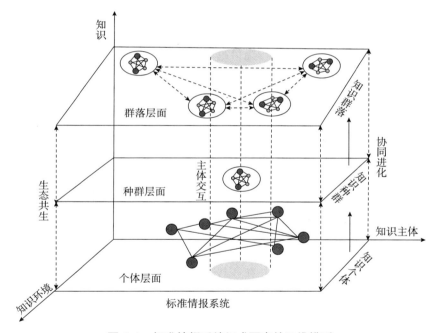

图4-1　标准情报系统组成要素的三维模型

资料来源：笔者整理。

标准情报系统以标准化决策支持为导向，将知识主体、环境及知识联结为有机统一的整体，使企业的标准情报工作实现"由内而外"和"由外而内"的衔接转换（汪社教、马建军，2011）。以市场、技术等环境变化为依据，企业主动从外部情报源获取知识资源，以此更新和拓展组织内部知识库的知识存量，并通过知识创新、标准修订、新产品开发等方式对外界予以反馈。由此，标准情报系统针对企业的标准化需求提供相应的动态知识服务，参照服务效果对其服务方式和内容进行修正完善，在知识资源的高效运转中保障了知识个体、知识种群及知识群落与整个系统的相互支撑与补充。

4.2.2　标准情报系统的演化特征

通过知识主体与知识环境的相互影响、相互作用，标准情报系统维系着自身的动态平衡与健康发展。其不仅具备与自然生态系统相一致的整体性、开放性和自组织性，还呈现鲜明的标准导向性、价值流转性和协同共生性等特质。

4.2.2.1　标准导向性

为了分散标准化创新风险、降低情报信息搜寻成本，企业和其他知识主体在标准情报系统内建立了紧密的标准化合作关系，从而为企业提供有效的标准化战略决策支持，并为巩固其竞争优势创造更多机会。这意味着，标准情报系统旨在引导、培育和支持企业的标准化活动，通过情报价值与标准成果产出之间的紧密衔接，该系统始终释放出较强的知识服务能力。

4.2.2.2　价值流转性

尽管知识活动输入的知识具备多元异质性，但知识价值链和价值网作为标准情报系统的营养结构基础，恰好为各知识主体奠定了持续创新的资源基础。标准情报价值伴随系统内的知识流动而显现，企业可从中获取自身生存发展所需的异质性知识资源，并在积极响应和灵活匹配标准化需求变化的过程中进一步促进情报服务价值的提升。

4.2.2.3　协同共生性

标准情报系统各要素之间是协同共生的，即知识主体与系统共同进化，系统内每个企业的发展前景都与整个系统的命运休戚相关，并共同创造、分享所集聚的标准情报价值。因此，共生关系作为知识跨越组织界限流动的重要渠道，可在最大限度上调动知识主体的情报工作积极性，降低潜在的不确定性风险，在协同交互中推动系统不断演进跃迁。

4.2.2.4　自组织性

标准情报系统具有紧密的成员关系、密切的 R&D 和专利池合作关系，具备自组织、自调控的调节能力。知识生态系统实际上是吸收、发现知识资源，并经过知识加工、处理的再增值过程。标准情报系统需要不断与外界进行能量、物质、知识信息的交换，经历从无序到有序的状态，进而从新的无序到新的有序的自我组织过程，以形成平衡的系统结构。

4.2.2.5　全局整体性

标准化是一个动态演进的生命周期过程，可细分为开发期、实施期和推广期。标准情报系统是由知识、知识主体和知识环境等要素组成的有机整体。由于不同知识主体的动机不同，成员之间也存在异质性。因此，必须妥善处理好知识主体、知识环境、标准需求之间的作用关系，做到以成员为知识主体、协调利益诉求、兼顾知识生态环境。

4.2.3　标准情报系统的知识生态位

根据知识生态学理论，持有特定知识需求且参与知识活动的知识主体在知识生态环境中会占据相应的地位和作用，称为知识生态位，此乃知识主体结合自身标准情报工作实际与环境相互作用的成果。通常而言，若能够占据良好的知识生态位，则企业在标准情报系统中获取和利用知识内容会更具优势（陈美华、陈峰，2018）。为了尽可能赢得对自身有利的生态位，知识主体倾向通过知识转移和共享来争夺有限的资源，因而需要协调彼此间的共生关系以维持生态位的相对稳定。按照生态位法则，一方面，不同知识主体在标准情报系统内扮演的角色功能不尽相同，知识主体间的知识转移和共享得以发生；另一方面，随着标准化生命周期过程的演进，标准情报系统知识生态位也会呈现相应的阶段性变化。在二者共同的作用下，不同知识主体皆可获得一定生存优势，标准情报系统才可为科学合理的标准化决策提供服务支持。因此，本书从横向功能分工和纵向时间演进两个层面对标准情报系统的知识生态位予以具体分析（姜红等，2019）。

4.2.3.1　横向生态位

该维度反映了知识主体在标准情报系统中的角色定位，由此开展分工协作来完成知识共享和转移的整个过程。根据知识主体的角色分工差异，可将其细分为知识生产者、序化者、传递者、消费者和分解者等类型，不同知识主体间各负其责，又紧密联系、相互作用，分别从事知识创造、组织加工、传递、转化应用和固化更新等知识活动，使标准情报系统实现从无序到有序的转化（陈美华、王延飞，2018）。具体而言，在知识生产环节，吸收和融合多方标准情报来创造标准化发展所需的新知识，成为其他知识主体的物质和能量来源；知识序化者将既得知识进一步加工处理，使系统内形成特定的知识结构和知识秩序；知识传递者构建了知识输出方与输入方之间的联系，基于标准化需求实现供需精准匹配，并为问题的解决方案提供相应的知识服务；在知识应用环节，知识消费者所掌握的情报知识较为充分，可将标准情报价值转化为创新产出；知识分解者对复杂知识进行模块化处理，并给予知识生产者一定反馈，由此实现了知识的多级循环利用，并显著提升了标准创新效率。

4.2.3.2　纵向生态位

标准化是循环往复的周期性演化过程，涵盖标准的开发、实施、推广和转化等环节（姜红等，2018）。与之相匹配，标准情报系统同样遵循这个"由低到高"的演化规律，表现出鲜明的流程性，因而标准情报服务应针对标准化生命周期的全过程展开。这意味着，标准情报系统的知识生态位在不同时间区间范围内所呈现的状态会有所区别。在标准情报系统组建期，不同知识主体开始围绕标准研发初步开展知识交流，并进行合理的标准化分工协作，此时利益相关者之间的标准化合作关系网络粗具规模，知识生态位的资源储备量逐渐增加；迈入实施期，分处不同生态位层次的知识主体围绕知识资源进行共享、利用与创新，标准情报系统内的知识状态愈加富集，产生的知识势能推动了标准实施效率的提升；在推广期，为了确保标准化活动能够紧跟环境变化态势，知识生态位保持良好的适应性，以便根据标准化需求变化来动态调整情报服务的方式和内容，为知识主体提供抢占市场份额的新兴机会；在转化期，标准情报系统的知识资源储备已趋近平稳，知识生态位的知识量增量有所下滑，需要进一步发掘潜在的生态位资源优势，从而为标准情报服务注入全新知识动力。

4.3　标准情报系统的演化机制

在分析标准情报系统组成要素与系统要素的基础上，本章阐明了标准情报情境下知识生态位的现实内涵，并将据此构建标准情报系统的知识生态链，旨在进一步明晰标准情报系统的演化机制，打开如何发挥标准情报价值作用的"黑箱"，为后续提出其生态化治理机制奠定基础。

4.3.1　知识生态链与生态位演化

4.3.1.1　标准情报系统的知识生态链

知识生态链将各知识主体编织为紧密的标准化协作网络，促进了标准化战略、知识资源、必要专利之间的集成协同，建立了各链层间多层次的情报交互，将标准情报系统联结成分工有序、多维交互的联合体（姜红等，2019）。借助知识生态链构建的标准情报生态循环服务体系，企业与系统内的政府、用户、高校、行业协会等众多知识主体进行协同创新的良性互动，这成为标准情报系统提供精准化、特色化知识服务的逻辑起点。随着系统内的合作联系愈加频繁密切，知识生态链为各知识主体增添了更多知识交流契机，组织的知识识别准确性也得到提升，这更易于获取推动标准化创新的异质性知识资源，确保了系统的稳定运行和可持续发展。

事实上，标准情报的价值在知识应用过程中得以彰显，而知识生态链恰好为此提供了价值实现路径。一方面，若要实现标准情报系统的高效沟通和顺畅协作，则必须消除知识在知识生态链各链层中的传递阻碍，由此提高知识供需双方的知识传递效率，克服标准情报不对称导致的知识垄断和"知识孤岛"问题；另一方面，知识在知识生态链各价值节点上的高效流转，能够增强标准情报系统的自我调节能力，抗压能力也可得到显著提升，这促使系统在动态调整中保持较高的环境适应性，有助于整个标准情报系统的平衡和优化。基于此，以节点属性和结构特征为依据（吴玉浩等，2019），本书对标准情报系统的知识生态链进行剖析，从信息链、活动链和主体链三大链层展示其整体组成架构，具体如图4-2所示。

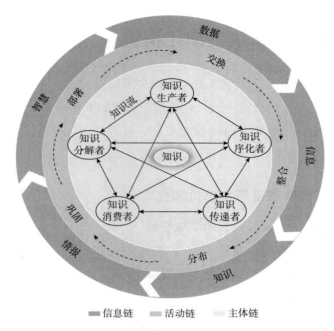

图 4-2 标准情报系统的知识生态链

资料来源：笔者整理。

知识生态链是各知识主体生产、消化、吸收和利用情报知识的循环过程。在此循环中，各链层之间持续发生知识交流和转移，整体呈现跨层融合、集成创新的循环发展态势。其中，信息链作为基础支撑层，依照"数据—信息—知识—情报—智慧"的协同进化路径，为企业和其他知识主体提供了标准情报价值发挥所必需的知识资源，确保了系统结构功能的稳定性；活动链隶属业务逻辑层，是标准情报价值发挥的实现环节。知识主体在环环相扣的知识活动中相互作用、共生共进，使知识的生命周期得以延长，并推动了整个系统的自我维持和自我强化（汪社教、马建军，2011）；主体链处于应用层，扮演不同功能角色的知识主体突破了自身资源和局部生态链限制而联结为紧密的闭环结构，畅通高效的循环共享关系业已形成，在知识流动过程中显著提升了系统内的资源配置效率。由此，在各链层的共同推动下，这一多形态、多层次、多节点的知识生态链为标准情报系统源源不断地注入创新发展活力，对系统的平衡和稳定发展具有重要意义。

4.3.1.2   标准情报系统的生态位演化矩阵

由上述分析可知，不同知识主体在知识生态链中具有特定的功能角色定位，且同一知识主体往往扮演多重角色，在不同知识活动中所发挥的功能有所差异。这意味着，各知识主体间的知识生态位关系可能存在分离、互补或包含等诸多情形，从而分处不同生态位的企业在知识活动中对于知识资源的可得性和可用性也不尽相同。由于标准具有独占性，处于动态加剧、复杂多维的知识环境，占据有利生态位的一方凭借充分掌握的标准情报知识，能够赢得标准竞争的主动权和话语权，反之则会因知识资源匮乏处于劣势地位。依据知识生态学理论，可从知识状态同质性（Homogeneity）和知识开放互通性（Interoperability）两个维度对知识生态位重叠性予以分析（王斌、郭清琳，2019）。知识状态同质性反映了各知识主体在知识存量水平、知识转移能力和知识分布层次结构等方面的共同知识特性；知识开放互通性刻画了标准情报系统内各知识主体间知识交流的传导效率和频度。由此，通过考察知识主体间竞争与合作的动态作用关系，能够清晰展现标准情报系统演化过程的全貌，具体如图4-3所示。

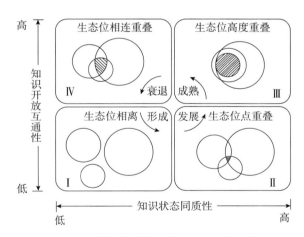

图4-3   标准情报系统的生态位演化矩阵

资料来源：笔者整理。

（1）区间 I——生态位相离。该区间为标准情报系统的形成期，促进标准的成功制定是本阶段的首要任务。受自身资源和能力所限，分处不同生态位的企业开始尝试建立外部标准化合作关系，以便广泛获取标准情报来掌握标准化最新动态。尽管此时知识生态链已粗具规模，但系统内的知识流动还未完全突破组织界限，知识分布结构也并不均衡，因而知识主体间的生态位并未产生重叠。企业和生态链中的其他知识主体大多各自为战，彼此缺乏深入交流和互动，这在一定程度上影响了标准情报的吸收利用效率，无法将其充分服务于标准研发及创新，知识生态链上各知识主体的情报需求也就难以得到满足。

（2）区间Ⅱ——生态位点重叠。该区间为标准情报系统的发展期，推动标准的规模化应用是现阶段情报工作的重中之重。为了获取优质知识资源、摊派共同创新风险，更多企业倾向通过标准情报系统来共享情报信息。在知识转移过程中，处于不同生态位态势的知识主体可从中获得标准性能提升、技术、市场等方面的情报知识，催生的知识状态同质性拉近了彼此间的知识距离，生态位逐渐产生点重叠。与此同时，同质性意味着知识主体的资源需求具有较高相似性，生态位之间的竞争势必难以避免。为了争夺有限的知识资源，部分知识主体会将核心知识予以保留，这种局部合作可能会限制标准情报的价值发挥。

（3）区间Ⅲ——生态位高度重叠。该区间为标准情报系统的成熟期，标准的推广扩散是此阶段的关键任务。随着标准情报系统内资源集聚效应的显现，企业围绕共同合作目标持续进行知识交互来实现协同发展，知识生态位的重叠范围不断扩大。在此期间，为了构建排他性的标准独占机制，处于高生态位的企业在巩固自身原有生态位的同时，还会不断挤占低生态位企业的生存发展空间。因此，这一生态竞争关系需要知识主体在多边复杂的利益博弈过程中采取相应的适应性改变，通过知识生态链的解构与重构来优化分工协作方式，为自身赢得创新发展的全新机遇。

（4）区间Ⅳ——生态位相连重叠。该区间为标准情报系统的转化期，修订完善标准是当前关注的重点。应对逐渐激烈的生态位竞争压力，仅凭已有的知识资源储备已无法满足动态变化的标准创新需求。在此形势下，知识主体可能会寻求互补与替代性知识资源来延伸和拓展现有生态位，通过资源的合理分配重塑生态位相对竞争优势，借此释放知识生态链稳定运行的利好信号，实现竞争与合作的动态平衡。由此，系统内的知识不对称现象将得到显著改善，凭借知识反馈机制为下一周期的标准化工作奠定基础，使其朝着更为协调高效的方向演进。

4.3.2　标准情报系统的运行逻辑

实现可持续发展是标准情报系统的核心价值所在。在理想状态下，知识主体在特定的知识环境中触发和完成情报行为，知识主体与知识环境相互依存、彼此影响。在各因子的共生共享、共赢共进中，知识以合理有序的方式流动于知识生态链的各个链层，标准情报系统随之实现更高层次的生态循环。基于种族生态学理论推演，Chen 和 Liang（2016）提出了建构在知识基础上的 DICE 生态闭环系统模型，以知识分布（Distribution）、知识互动（Interaction）、知识竞争（Competition）和知识演化（Evolution）四个构面来剖析知识族群间的作用关系，这为理解知识生态系统架构提供了极具说服力的理论框架。鉴于此，本书构建标准情报系统的 DICE 模型（见图 4-4），据此对标准情报系统的运行逻辑进行剖析，揭示其知识利用、增值、流转及进化的内在规律。

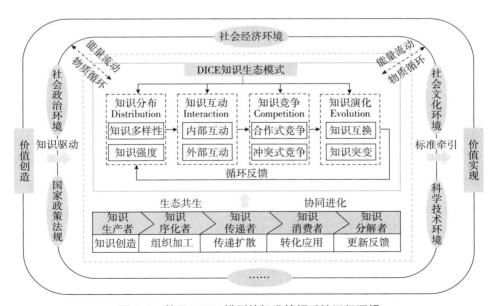

图 4-4　基于 DICE 模型的标准情报系统运行逻辑

资料来源：笔者整理。

4.3.2.1 知识分布

在标准情报系统中，无论是新知识主体加入抑或是引入全新情报知识源，皆需要对系统内的资源予以重新组织和分配，以形成清晰有序的知识分布结构。其中，知识多样性代表着知识种类和数量的丰裕程度，反映了知识资源在系统内的覆盖范围；知识强度则是企业知识能力高低与否的判断依据，知识强度高的企业往往会从知识溢出过程中获得更多收益。在两者的共同作用下，标准情报系统的知识广度与深度得到持续拓宽，为其成长发展质量提供了可观的知识增量保障。

4.3.2.2 知识互动

标准情报系统作为知识资源的集聚地，企业在与政府、高校、科研院所等知识主体的知识交流过程中形成了相互依赖、协同互补的知识互动关系。通过知识资源的有效共享和融合，不仅使各自的知识得到增值，更促进了整个系统创新能力的提升。此外，借助多样化渠道与外部生态系统、知识环境进行知识交换，这有助于编织更为庞大的标准化合作网络，从而为探寻和开发富有价值的隐性知识资源搭建信息桥，打造标准情报系统可持续发展的价值创造力。

4.3.2.3 知识竞争

标准情报系统内的知识资源是有限的，加上知识分布具有不对称性，使知识主体之间的竞争在所难免，给系统的可持续发展带来较高不确定性。为了争夺资源、追逐利润，部分企业采取的"搭便车"和投机等冲突式竞争行为会损害其他知识主体的利益，而这种建构在缺乏互信基础上的知识共享也无法调动知识主体的积极性。与此相反，以合作共赢为前提的合作式竞争能够兼顾多方利益诉求，不同知识主体在分享和交换情报知识的过程中实现取长补短、优劣互补，使整个系统的情报价值达到最大化。

4.3.2.4 知识演化

随着标准更新换代的速度不断加快，企业受自身知识资源存量和局部生态链所限，所储备的标准情报知识已无法满足生存发展所需，亟须提升知识能力来推动知识演化，以便培育标准的全新竞争优势。企业既可根据标准化需求主动发展自身能力，也可与外部知识种群开展交流合作，在内外部驱动下促使知识产生变异，通过不断增加知识质量水平来修订和完善标准。由此，在更大范围内建立了统一协调的知识共享传播机制，为下一阶段的知识创造与经营奠定基础。

由上述分析可知，在标准情报系统的知识获取和共享过程中，知识分布的结构状态影响着知识主体间的互动关系，且该关系在资源有限的环境条件下会催生各式竞争行为。面临严峻的竞争压力，知识主体会不断演化跃迁来谋求生存发展空间，结果便是在系统内形成新的知识分布结构（Chen et al.，2010）。如此循环，各要素始终保持较为和谐的生态关系，从而确保了标准情报系统的良性运行，持续推动其价值的创造与实现。

4.4　标准情报系统的治理机制

作为人类文明进步的成果，标准在经济、社会和环境的可持续发展中发挥基础性、战略性支撑作用。进一步地，若要充分发挥这一支撑作用，则必须以标准情报事业自身的可持续发展为前提；若想实现标准情报事业的可持续发展，就需要保持标准情报系统的平衡和稳定。标准情报系统作为标准工作范式的迭代，更加关注知识主体、知识要素与知识环境之间的协同联动，强调生态适应性和灵活应变性，侧重演化规律、效益分配和风险监测（王延飞等，2018）。然而，在复杂多变的数字化时代背景下，标准情报工作备受系统失灵问题困扰，导致无法将情报价值充分转化为标准的创新产出。因此，为了提升标准情报系统的知识服务效能，迫切需要建立行之有效的治理机制来协调系统内诸要素之间的交互关系，塑造系统整体的风险抵御力和标准竞争力（Inoue，2021）。

4.4.1　多中心治理

随着标准化进程的推进，基于标准情报发展而来的知识生态系统涵盖企业、政府、用户、高校、行业协会等不同利益相关者，在标准制定、实施和推广应用等各个环节均参与其中，已然形成了相互依存、相互制约的功能关联网络。这意味着，标准情报系统的可持续发展并不是由单一因素决定的，也不局限于单一知识主体从中获益，更非仅凭单一主体治理就能够实现的。鉴于标准情报系统的复杂性和系统性，建立多中心治理机制便成为共管共治形势下的必然要求（Dietz et al.，2003）。围绕共同的情报协作目标，在治理资源共建共享的前提下实现复合主体的优势互补，在与外部知识环境的交互作用中打造全面系统的治理体系，最终确立与价值共创共享相适应的标准情报系统运行秩序。

根据治理主体在知识生态链中的角色定位，可将其细分为核心主体和辅助主体两类，既各自独立又相互影响。一方面，政府、企业和用户等核心行动者在标准化治理体系中发挥主导作用。作为标准的掌舵者，政府对标准的制定方向予以把控，并为支持和促进标准创新营造良好的政策环境，全力破除影响情报知识流动和标准实施的体制性障碍；作为标准的开拓者，企业积极参与标准情报工作来化解不确定性风险，不断抢占标准竞争的主动权和话语权；作为标准的使用者，用户是标准的目标使用群体，能否满足用户的标准化动态需求成为评价情报工作成效的重要依据。另一方面，高校、科研院所、行业协会、标准化组织等多作为辅助性治理主体参与其中，提供必要的情报知识储备来共同参与标准研发，为推动整个系统的创新发展添砖加瓦。由此，复合主体所联结的利益交互与价值共创关系充分调动了彼此的能动性，在生态位功能互补中形成了错位发展、资源均质的多元共治新格局。

4.4.2 适应性治理

标准情报系统的演化发展面临较多的复杂和不确定因素，需要采用具备足够弹性、灵活性的管理模式应对外界变化。在此形势下，源于系统生态学和复杂性科学的适应性治理应运而生（范冬萍、何德贵，2018）。其核心理念是以协调经济、社会和环境之间的相互关系为出发点，凭借韧性管理策略调节生态系统这一复杂适应系统的状态，使其在风险条件下作出最优决策。鉴于此，建立与标准情报系统相匹配的适应性治理机制，可在保留系统原有架构的基础上，采用弹性调整生态位的方式完善系统内的知识资源分布结构，在资源重组整合的过程中吸收容纳新的知识要素，以此激发生态链活力进而更好地适应技术和市场变化。由此，随着标准化过程的演进，企业和其他知识主体不断进行标准化知识、战略创新以保持强大的适应能力和修复能力，使标准情报系统始终呈现较强的可持续发展韧性。

事实上，尽管外界变化所催生的种种不确定性会给标准情报系统带来一定冲击，但通过互动学习和标准化经验积累能够及时弥补资源缺口，使自身不断探索新的生存发展空间。如此循环，能促使系统状态发生改变直至形成对环境的持续适应能力，推动其进化跃迁至更高的稳定性水平。通过标准情报行为与情境的恰当匹配，企业能够重新审视标准情报系统治理的底层逻辑，真正将标准情报应用至标准化生命周期的全过程，进而提升其知识服务设计和规划的合理性，实现对知识资源的可持续利用。同时，在全面掌握和监测最新情报动态的基础上，针对标准匹配问题提供多样化的技术解决方案，能够妥善解决系统内的利益冲突和分歧，并显著提升标准情报服务的包容性。

4.4.3 知识治理

知识是支撑企业标准化战略实施的重要资源保障，已成为知识经济时代驱动标准情报系统协同创新的基本生产要素。通过异质性知识资源累积来激发创新活力、提升资源配置效率，既可推动标准情报系统的迭代和重构，又能促进标准化战略的变革和演进。然而，在实际的标准情报工作中，知识与标准的现实应用往往存在一定的脱节现象，无法达到预期的情报服务效果，此时便凸显了释放知识治理潜能的重要性（于淼等，2021）。就情报知识的生产和应用而言，标准情报系统知识治理的目标便是建立良性协同机制，使知识能够在知识主体之间借助知识生态链广泛进行流动、共享和应用，以期最大限度地激发知识要素的内在价值，实现整个系统的良性高效循环。

根据价值共创的知识服务主导逻辑，在情报协作目标愿景指引下，占据不同生态位的知识主体在知识生态链中扮演多重角色，致力于推动知识要素在知识主体间转移共享和均质配置，这显著充实并盘活了系统内的知识资产，并将随着标准化过程的推进迸发出更高价值。就知识治理而言，识别标准情报系统内知识资源分布情况来查漏补缺，可使系统内的知识流转更具针对性，并在互动交流中引导和激发企业的知识创造积极性（Howell，2019）。同时，借助知识多维融合与再生产这一抓手优化知识服务效果，能够激励企业自身建立完备的知识体系、形成独特的知识优势，进而持续促进标准竞争优势提升，并在业内收获更多知识话语权。由此，标准情报知识利用率将得到根本提升，标准情报服务的精准化和精细化也得到保证。

总体而言，知识内容丰富化、知识场景多元化、知识服务精准化深刻改变着传统的标准情报工作范式，并为标准情报体系建设带来全新机遇和挑战，重构标准情报组织模式已成为释放情报服务价值的必然选择。由知识生态视角探明标准情报系统的生态化价值实现机制，这既是标准化引领高质量发展的迫切需要，又是深化标准情报信息共建共享的题中之义。本章在阐述标准情报系统组成要素的基础上，对其标准导向性、价值流转性、协同共生性、自组织性及全局整体性等演化特征予以介绍，并从横、纵两个维度分析了标准情报系统的知识生态位。随后，搭建知识生态链来展现标准情报系统的主要架构，基于知识生态位绘制其演化矩阵，并结合 DICE 模型深入解析了标准情报系统的运行逻辑，有助于加深对标准情报系统演化机制的认识和理解。本章还从多中心治理、适应性治理和知识治理三个角度提出了标准情报系统的生态治理机制，为优化标准情报系统运转效率、提升标准情报服务效能提供参考。

第一，打造紧密联动、分工有序的知识生态链，是确保标准情报系统平衡和健康发展的有力保障。以生态链条为纽带所联结的生态利益共同体，为系统运行提供了广泛的情报源。因此，应当持续推进不同链层间的情报数据融合，这不仅能够促进系统内情报量、情报结构和情报质量发生变化，扭转系统内部的信息不对称现象，更有助于全面把握服务对象的标准情报需求，为企业的标准化战略决策提供必要养分，不断深化标准情报在标准化工作中的利用价值。

第二，因时制宜、占据优势生态位，是完善标准情报服务体系的必然选择。为了培育维持标准竞争优势所需的知识资本，企业需要依据系统内的资源态势来找准组织所处的生态位，并经由知识交换和共享来使标准情报实现增值，从而赢得生存发展的全新情报生态空间。同时，立足标准化生命周期的不同演进阶段，借助情报源的实时更新来优化各生态位之间的功能和作用关系，使标准情报在系统中畅通流动，可为企业提供全方位的服务支撑。

第三，应对不确定性、加强环境适应能力，是维持标准情报系统平衡与和谐的战略举措。由于标准情报服务会随着环境条件和用户需求而动态变化，在知识生态学指引下，在系统内确立良性的循环改进机制就显得格外关键。这意味着，应当密切监测环境特征来获取和利用相应的标准情报，在与环境适应和互动的过程中予以积极回应和反馈，从而使系统始终焕发出蓬勃生命力，建立平衡和谐的生态关系。

标准情报智库联盟知识生态系统的演化与运行机制

百年未有之大变局下，中国经济社会发展所面临的不确定性日益突出，加快推进特色新型智库建设已成为化解环境风险、提高发展质量的重要突破口。《全球智库报告2020》显示，中国智库数量位居全球第二，"中国式速度"催生下的智库国际影响力与日俱增。诚然如此，中国作为智库大国，众多智库建设成果却未能充分服务于政府咨询决策的现实需求，公共决策与社会发展领域仍存有诸多问题亟待解决，"大而不强"成为横亘在智库建设与发展进程中的一大难题。在此形势下，近年来中国大力推行"智库+"模式，旨在突破智库间固有的研究边界限制，以更为灵活包容的方式成立智库联盟，以便集聚和整合各方资源来响应复杂化的决策咨询需求。

　　知识作为智库的核心资源，唯有建构在知识管理基础上的智库才可充分发挥知识服务效能（Christensen and Holst，2020）。基于此，众多学者试图结合知识管理思想对智库建设进行探讨，但仍存有一定不足之处。例如，就知识生态学角度而言，过往研究多局限于单一的特定智库对象，较少涉及更为系统、整体的联盟层面，聚焦于标准情报智库联盟情境的知识生态研究成果甚为缺乏。标准情报智库联盟的生态演化规律及运行机制尚未明晰，也就无法提出行之有效的生态化治理机制。事实上，面对未来环境的巨大不确定性，仅凭单一标准情报智库的自我生长和资源积累已无法满足时代发展的迫切需求，智库间的协作联盟已成为大势所趋（申静等，2020）。因此，根植于中国本土化标准情报智库实践，知识生态系统作为标准情报智库联盟赖以生存和发展的基石，本书从协调生态要素和注重系统合力这一新思路出发，通过对标准情报智库联盟知识生态系统演化及运行规律的探讨，有助于确立标准情报智库联盟与知识生态系统协同发展的知识服务体系，也可为标准情报智库联盟的稳定性治理提供理论依据。

5.1 研究概述

5.1.1 智库联盟

智库联盟作为特色新型智库建设的重要载体，是提升智库决策服务能力的必然选择。智库具有多样性，以高校为例，高校智库联盟便是由多家高校智库联结而成的智库联合体，旨在使联盟成员之间实现资源共享、优势互补和交流合作（杨锴，2020）。面向某一产业的发展需求，产业智库联盟则是在特定组织主导下，依照一定的组织管理机制，由产业内相关智库机构、高校、企业及政府部门等主体建立的稳定合作联盟（郑荣等，2020）。以小见大，以满足咨询与决策需求为导向，智库联盟通常是由某一核心智库为倡议发起者，经由跨部门、跨组织的方式来联合其他智库所共同组建的智库协同创新联合体，涵盖官方智库、高校智库、社会智库、媒体智库等不同智库类型，重点在于联盟成员之间共享资源和成果，以此释放智库效能、发挥智库合力来为经济社会发展建言献策。

然而，智库联盟作为一种较为新颖的智库建设发展模式，在中国尚处于起步阶段。受供需不对称、"搭便车"行为、信息沟通不畅等因素影响，时常会限制智库能量发挥。因此，除了论证智库联盟的重要性及其外部影响，部分学者开始探究智库联盟的稳定运行问题。如郑荣等（2020）采用扎根理论方法研究影响产业智库联盟运行效果的相关因素。孙瑞英和袁烨（2018）围绕高校智库联盟中的不同利益主体展开博弈分析，并据此提出联盟建设的激励策略。从联盟成员个体层面入手，杨锴（2020）对高校智库联盟成员的服务能力予以识别和匹配。鞠昕蓉和郑荣（2020）认为成员选择关乎高校智库联盟合作的长远发展。不难发现，学者聚焦智库联盟的稳态运行已取得一定研究进展，但均从单一类型的智库联盟情境出发，并未立足整体观视角来构建系统化的协同演化整合分析框架，用于全面刻画智库联盟普适性的运行规律。事实上，标准情报智库联盟作为复杂的协同创新系统，整个决策支持服务过程存在诸多要素的交织融合关系，因而有必要寻求全新的理论方法揭示标准情报智库联盟形成与演化的内在机制。

5.1.2 知识生态系统

知识生态学作为生态学衍生的系列分支，为社会经济系统开拓了崭新的研究视角。Pór（1997）率先对知识生态展开探究，指出知识生态系统本质上是一个复杂的自适应和自组织系统。与自然生态系统相似，知识生态系统内的各要素也具备特定的结构和功能，且不同要素之间彼此联结，任一要素变化均会对整个系统的演化发展造成影响。近年来，知识生态学理论逐步完善，知识生态系统已在知识组织与生产、知识服务和创新、知识产权、知识社群等众多领域得到广泛应用，针对多种研究情境及对象分析系统的形成、演化、运行及治理等问题，借此诠释主体、客体及环境之间的复杂作用，可见该理论提供了极富解释力的整合分析框架（姜红等，2019）。

进一步地，知识生态学具有广泛的发展和应用空间，形成了创新系统、组织知识管理及竞争战略等不同的研究进路。创新系统研究进路主要关注创新过程中不同行动者之间的知识传递与互动（龙跃等，2018）；组织生态知识管理研究进路从种群生态学出发，推演出知识生态 DICE 模型，从知识分布、互动、竞争和演化角度研究组织知识生态演化，将知识生态理论的研究对象从生物个体延伸到组织、产业层次（如姜红等，2019）。竞争战略研究进路将知识生态理论与竞争战略理论相结合，把技术战略概念化为知识搜索、知识产生和知识演化的过程（梁永霞、李正风，2011）。可见，不同的研究进路都强调知识与环境互动过程中知识的演替和进化，知识生态系统理论适用所有与环境相关的研究领域。

标准情报智库联盟作为一种知识联盟，其成果产出过程即知识生态系统的演化跃迁过程（潘苏楠、李北伟，2020）。事实上，标准情报智库联盟同样遵循生态学原理，是由各智库主体、知识及内外部环境共同组成的生态系统，其中包含跨越不同地区、领域和学科的众多子系统，在各要素的有机联动中实现"1+1>2"的效果。但是，通过梳理现有文献成果发现，知识生态视角下聚焦于标准情报智库联盟情境的研究极度匮乏，鲜有研究探讨标准情报智库联盟知识生态系统的结构、功能及其演化运行规律，与之相对应的治理机制也尚未明晰。基于此，本章拟由知识生态视角切入，旨在探讨标准情报智库联盟情境下的知识生态系统演化与运行机制，并选取阿里研究院作为典型案例进行分析，以期为保障标准情报智库联盟的稳定运行提供理论依据。

5.2 标准情报智库联盟知识生态系统解析

5.2.1 组成要素

同为生态学的重要分支，知识生态系统与自然生态系统的结构和功能有诸多相似性。如表 5-1 所示，借助生物学隐喻来剖析标准情报智库知识生态系统的结构要素及其特征，可明晰各要素的作用及其内在联系。

表 5-1 标准情报智库联盟知识生态系统的生物学隐喻

生物学隐喻	智库联盟知识生态系统
生物个体	官方智库、高校智库、社会智库、媒体智库等知识个体
种群	同类别智库的知识个体集合
群落	各智库种群共同构成的智库联盟群落
生态系统	智库联盟及其所处的内外部环境共同构成的统一整体
生物圈	各智库联盟生态系统的统一整体

资料来源：笔者整理。

5.2.1.1 知识

知识作为标准情报智库联盟知识生态系统的基础支撑，对整个系统的稳定运行起到赋能作用，左右着智库成果的决策支持效力。除传统的科研论文、学术专著和研究报告等纸质文献资源（Segal and Abelson，2004），以及数字化技术平台资源外，更重要的是借助标准情报智库联盟为知识主体搭建的开放式知识交流与共享平台，如通过研讨会、学术论坛等更为鲜活的形式促进隐性知识的碰撞与融合，从而激发资源异质性所催生的知识集聚效应，在主体间的协同互补中不断拓宽知识的广度与深度，这能够实现知识供需双方的精准对接，显著提升标准情报智库联盟的核心竞争力。

5.2.1.2　知识主体

标准情报智库联盟是多主体协同的混合型知识生态系统，表现为不同智库知识主体间的复杂作用，且各主体在系统中所扮演的功能角色不尽相同（Qi，2018）。生态系统内的知识传递将众多利益相关者相联结，以"分工—合作—制约"的组织形式开展知识活动，在知识交互中实现知识主体的互惠共赢。同时，在联盟目标指引下，知识主体的智力要素持续朝着更高价值的研究成果转化，凭借个体优势研究领域来塑造标准情报智库联盟整体优势，由此为高质量研究注入创新发展动力。

5.2.1.3　知识环境

标准情报智库联盟知识生态系统的正常运行，与其所处的内外部环境状况息息相关。知识环境能够影响智库知识活动的开展，一般可将其细分为内外两个层面。内部知识环境主要涉及智库联盟的整体协作机制、组织文化、基础硬件设施、平台品牌等方面，外部知识环境则包括国家方针政策、技术发展水平、市场竞争格局、资金支持及社会认可等内容。在二者的共同作用下，知识主体需审时度势，准确识别环境中的发展机遇与挑战，在明确联盟角色定位和服务导向的基础上针对性开展知识活动，以此适应和改变知识环境，不断提高标准情报智库联盟知识成果产出的附加值。

不难发现，知识主体、知识与知识环境三大核心要素紧密联系、相互依存，在彼此交错间组成复杂的标准情报智库联盟知识生态系统，由此构建了如图5-1所示的要素层级结构模型。多元化智库作为知识主体，在系统的各个位置扮演不同角色，这促使其在多方联动中发挥各自的功能特色，挖掘标准情报智库联盟的内在研究潜力和创造性，共同致力于高质量研究成果的产出。这一过程中，知识流动不仅搭建了知识主体之间的联系纽带，在知识的输入、生产及输出等环节中发挥重要作用；更调控着知识主体的种间关系，推动着智库种群的繁衍壮大。同时，整个知识生态系统的稳定运行无法脱离标准情报智库联盟所处的知识环境而独立存在，这意味着知识主体应统筹兼顾内外部环境条件，针对环境变化作出相应的适应性调整，以此确保系统结构与功能的协调，实现知识要素向高质量智库成果的转化。

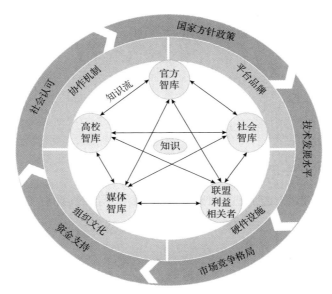

图 5-1 标准情报智库联盟知识生态系统的要素层级结构模型

资料来源：笔者整理。

5.2.2 系统特征

相较于自然生态系统，标准情报智库联盟知识生态系统除了具备与之类似的开放性、整体性和自我调节性等特性，同时也兼备自身独有的特质。

5.2.2.1 研究导向性

标准情报智库联盟知识生态系统建立的初衷，便是着眼咨询决策服务需求来产出高质量的研究成果（Fraussen and Halpin，2017）。借助知识生态系统内所集聚和整合的海量知识资源，众多知识主体积极开展智库研究，以期将智力要素转化为智力产出，将研究成果用于指导和解决经济社会发展中的现实问题，并基于实践反馈不断修正和完善理论研究体系。

5.2.2.2 价值流转性

生态系统中的知识通过价值链进行运输和传递，将各标准情报智库联结为密不可分的整体。在无边界的知识流动过程中，由于不同标准情报智库在知识价值链所处的位置不尽相同，借助多元异质性的知识更有利于输出更具发散价值的智库成果，形成标准情报智库联盟的核心竞争力。

5.2.2.3　协同共生性

高质量的智库研究成果需调动更广泛的知识主体参与，以便在共生态中开展协同创新来创造更多价值。在标准情报智库联盟合作过程中，各方主体会不断提升自身的共生进化能力，注重盘活知识存量以避免被时代淘汰，并在组织内外协同中谋求更高的知识生态系统效率，使其在要素的组合重构中优化智库成果产出的应用效果。

5.2.3　知识生态系统的演化阶段

知识主体在联盟中所处的知识生态位不同，导致其拥有的知识资源数量、类型都存在差异。基于物种进化理论，在有限的生存资源和空间内，若联盟成员不能与其他知识主体建立紧密联系，适应联盟内外部的知识生态环境，提升自身的标准化能力，则可能面临被"淘汰"的风险。

从联盟运行秩序来看，知识管理动机与联盟网络间存在动态匹配（宋志红等，2013）。随着知识生态系统的演化过程，联盟成员将某些知识通过知识共享的方式传递给其他联盟成员，其他联盟成员吸收、内化为自身的知识，更新知识库的知识存量，将自身的标准优势转化为共同的标准竞争优势。事实上，在标准从开发、实施到推广的过程中，无论是知识个体、知识种群，还是知识群落，从组织到联盟层面都经历了幼年、成长、成熟、衰退和孕育的生命周期历程（孙振领，2011），具体如表5-2所示。

表5-2　标准情报智库联盟知识生态系统的演化阶段

演化阶段	标准情报智库联盟知识生态系统状态
幼年阶段	①初步具备联盟开发标准所需的知识资源；②知识创新成果逐渐转向新技术应用；③联盟的知识共享仅局限于部分联盟成员层面；④尚未建立符合联盟知识生态系统演化要求的联盟规范；⑤知识服务功能处于起步阶段
成长阶段	①联盟成员开始根据核心技术专利开发标准，推动系统走向成熟；②知识资源配置得到优化，满足市场和用户的标准需求；③知识转化为标准的效率快速提升

演化阶段	标准情报智库联盟知识生态系统状态
成熟阶段	①知识、联盟知识主体与联盟知识环境实现协同进化；②知识生态链的组成要素实现动态平衡；③按照标准规范生产商品，掌握标准竞争的市场主动权和话语权；④联盟知识主体基于自身知识生态位，获取最大化利益
衰退阶段	①新的标准需求产生，标准性能亟须优化改进；②标准联盟知识生态系统的抵抗力、恢复力稳定性受到冲击；③标准联盟的运行秩序逐渐被打破；④原有的标准规范阻碍了知识创新
孕育阶段	①联盟惯例开始被打破；②联盟成员间的知识关系网络在博弈中重建；③在动态的联盟知识环境中，新知识、新标准促使联盟知识生态系统向更高级的阶段演化

资料来源：笔者整理。

5.2.4　知识生态位

在联盟知识生态系统中，各主体开展标准化活动时，既要分析外部知识生态环境，又要审视自身在知识生态环境中所占据的特定位置。各标准情报智库在知识生态系统中所占据的地位和作用便是知识生态位（杨元妍，2019）。标准情报智库联盟知识生态位是指以知识创新为核心能力而形成的联盟组织，通过知识的获取、共享、集成和应用等活动实现标准的制定、实施、推广和扩散，联盟中知识个体、种群和群落分别在各自赖以生存、发展、竞争、合作的环境中所获得的功能地位。本质上说，联盟知识生态位的发展演化能够反映标准情报智库联盟生存发展的状态与水平。

在理想状态下，标准情报智库联盟是能够集聚知识资源并使其在知识主体间合理流动的动力系统。然而，在联盟资源有限的生存条件下，各智库所处的生态位难免产生重叠，造成合作分工与互为制约并存。根据生态位法则，一方面，标准情报智库联盟知识生态系统遵循一定的结构体系，主要表现在各标准情报智库提供不同的功能服务，即具备差异化的角色定位；另一方面，在标准情报智库联盟知识生态系统的纵向生命周期演化过程中，各决策阶段分别伴随相应的联盟知识活动，且不同环节均有相应的智库参与其中。因此，本书从结构功能和时间演进两个维度对其知识生态位开展分析。

5.2.4.1 横向生态位

横向维度反映的是标准情报智库间水平分工的并联状态，描述了不同智库所覆盖的特定服务范围。为确保整个标准情报智库联盟研究工作的前沿性和专业性，各知识主体会对其资源持有情况和功能作用进行合理评估，依托自身优势占据最为合理的生态位。以功能成分为依据，可将其划分为知识生产者、组织者、传播者、消费者和分解者等角色类型。循名责实，生产者是立足现实发展需求开展知识创造活动的人员或机构，为解决实践问题提供行之有效的理论方法；组织者将无序化的知识进一步处理和加工，建立了各知识单元之间的内在联系，将其转化为体系化、系统化的知识表现形式；传播者突破了知识茧房局限，可借助一定传播媒介将知识扩散至整个标准情报智库联盟，在融合自身观点和价值观的基础上将其精准传递，有效推动联盟内部的知识共享；消费者延伸了智库联盟内的知识生产和交流过程，推动着高质量智库研究成果的转化应用，有助于实现智库成果的经济与社会效益；分解者是知识循环和协同创新效率提升的实现环节，可将复杂化、学术化的知识分解为可操作性较强的智库产品。

5.2.4.2 纵向生态位

纵向维度刻画了标准情报智库之间垂直分工的串联状态，指代标准情报智库联盟研究全过程的各环节皆有不同智库介入。与自然生态系统的时空演化规律一致，标准情报智库联盟知识生态系统是涵盖形成、发展、成熟及衰退／转化等阶段的生命周期跃迁式演化过程。在形成期，标准情报智库联盟处于组建起步阶段，知识生态系统的结构和功能粗具规模，易受内外部联盟知识环境影响，应适时调整智库研究方向以确保联盟平稳有序运行；在发展期，标准情报智库联盟围绕特定目标展开富有成效的研究，跨越组织边界的知识流动速度及效率较高，现存知识生态位可在提供智力产品方面发挥一定作用；在成熟期，标准情报智库联盟对公共决策具有广泛影响力，在生态位不断扩充的过程中形成了极具认可度的智库品牌，可有效化解环境不确定性风险，形成集政策研究、决策咨询、社会服务及知识传播于一体的知识服务体系（申静等，2020）；在衰退/转化期，标准情报智库的知识生态位已无法满足日益增长的知识需求，其结构关系和功能成分逐步衰退，知识资源缺口开始显现，此时需要积极开发潜在生态位来搜寻全新知识源，引进外部生态因子来提高生态位的可利用性，以确保标准情报智库联盟知识生态系统的良性健康发展。

5.3 标准情报智库联盟知识生态系统的生成逻辑

5.3.1 标准情报智库联盟的知识生态链

在自然界，生态链是生物与生物间、生物与赖以生存的环境间的相互作用，经由能量流动、物质循环和信息传递等功能所形成的复合统一体，能够确保全链条及系统实现良性循环的可持续发展。与之类似，标准情报智库联盟知识生态链将智库产业内的上下游主体联结为不可分割的生态整体，且在政府部门、研究机构、企业及社会公众等利益相关者间达成广泛共识（孙瑞英、贾旭楠，2019）。因此，在知识服务需求驱动下，对知识生态链的协同管控有助于构建跨行业、跨学科、跨领域的多元化智库研究体系，可集聚和整合各方知识资源实现对显性与隐性知识的吸收和转化，以达成生态链的知识流转性和增值性目标，促进标准情报智库联盟知识生态系统发挥聚合、协调、市场及宣传等功能，实现生态系统的共同进化。

标准情报智库联盟的核心竞争力在于其研究成果的质量，因而产出高质量的智库研究成果便是知识生态链的核心价值所在。从生命周期演化过程来看，以标准情报智库联盟为基础和纽带，在内外部知识环境中涌现的知识服务及资源需求驱动下，分布于知识生态链的各知识主体共同开展知识共享与交流活动，从中不断拓展和延伸自身占据的生态位空间，通过供需对接、优势互补、平台融合及协调发展等联盟组织机制催生新思想和价值，并以此为开展高质量的智库研究提供有力保障。如图5-2所示，以系统的结构要素和生态链各层级的节点属性为依据，本书从信息链、活动链和主体链三个层面体现了标准情报智库联盟知识生态链的组织架构（吴玉浩等，2019）。

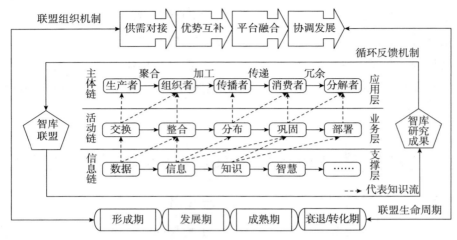

图 5-2　标准情报智库联盟知识生态链的组织架构

资料来源：笔者整理。

　　知识生态链中不同知识主体间及其与内外部环境的复杂作用关系是通过知识流动实现的，由此将各链层联结为有机统一的生态共同体。作为支撑层，信息链为整个系统提供了必要的能量来源，实现了"数据—信息—知识—智慧"的递进式转化，在螺旋上升中识别和筛选出最具创新价值的知识和智慧，为后续价值创造奠定基础；活动链处于业务层，囊括了各知识主体所开展的与智库研究相关的知识活动，在联盟目标指引下，该链层搭建了知识主体与知识客体间的联系，是系统功能发挥的实现路径；作为应用层，主体链涵盖智库联盟中的诸多知识主体，是开展高质量智库研究的核心力量。扮演不同功能角色的知识主体根据相应研究诉求协同开展知识创新活动，确保了理论与实践的有机衔接，从而加速推进整个生态系统演化进程的跃迁。

5.3.2　标准情报智库联盟知识生态系统的演化矩阵

　　由上述分析可知，在标准情报智库联盟的生命周期演进过程中，知识生态链中的各类知识主体活跃在各个链层，在生态系统中占据着对应的知识生态位来利用资源空间，在知识资源的复杂互动中实现智库研究成果的价值共创。聚焦特定的演化阶段，由于标准情报智库联盟的资源具有稀缺性和有限性，处于不同生态位的知识主体会伴随资源状态而采取适应性调整，其生态位往往会产生交叉重叠，由此推动整个生态系统的演化跃迁。依据生态位理论，可将标准情报智库联盟知识生态位重叠性分为知识状态同质性（Homogeneity）和知识开放互通性（Interoperability）两个维度（姜红等，2019）。知识状态同质性指代标准情报智库联盟成员在知识存量、知识吸收能力和架构能力、知识分布结构等方面的相似性，知识开放互通性则代表联盟成员间知识交流的传导率和频率。在二者的动态匹配中，其生态位会出现分离、交叉、重叠及包含等不同组合情形，可利用的知识资源及智库知识活动也会发生变化，据此创建基于知识生态位的标准情报智库联盟知识生态系统演化矩阵（唐艺，2008），具体如图 5-3 所示。

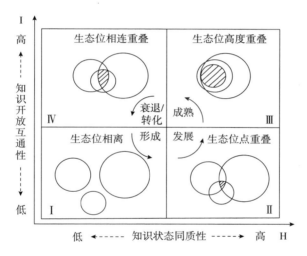

图 5-3 基于知识生态位的标准情报智库联盟知识生态系统演化矩阵
资料来源：笔者整理。

5.3.2.1 生态位相离

Ⅰ区间处于标准情报智库联盟形成期，此时各智库围绕研究目标展开试探性合作，组织间的边界还未打破，各知识主体的生态位不存在重叠现象，知识资源尚未得到充分利用。尽管占据较高生态位的部分知识主体主导着标准情报智库联盟的研究活动，但由于具备共生关系的成员间缺乏密切的知识互动，交互融合和资源共享机制也尚未成形，难以实现知识大流通，也就无法形成完整的知识生态链，由此影响整个生态系统的知识流转效率，因而其知识状态同质性和知识开放互通性处于较为低下的状态。

5.3.2.2　生态位点重叠

Ⅱ区间处于标准情报智库联盟发展期，各知识主体基于联盟进行内外部知识资源的互换，知识生态系统内的协同创新正在稳步推进，成员之间的研究边界变得愈加模糊。在该阶段，占据不同生态位的标准情报智库间的共生依赖程度有所提高，可针对特定现实需求共同开展研究活动，从中分享同质化的知识资源，因而知识生态位产生点重叠。然而，由于完整的联盟生态化研究体系尚未完成，难以覆盖知识生态链上下游的所有主体，缺乏知识互通的实现渠道，这可能会束缚标准情报智库联盟为利益相关者决策赋能的效用发挥，智库协同能力仍有待加强。

5.3.2.3　生态位高度重叠

Ⅲ区间处于智库联盟成熟期，联盟成员间的关系呈网络化趋势，在深度参与中展现出旺盛的研究能力，可在知识交互与研究分析中实现协同发展。为了紧跟时代发展需求、避免被生态系统淘汰，知识主体全力调度和投入内外部知识资源寻找破局点。在高知识同质性与高知识互通性的共同作用下，标准情报智库联盟建立了互相成就的知识分享体系，这激发了知识生态链中的资源要素活力，知识得以自由流动和组合。因此，智库生态系统能够不断推陈出新与自我优化，在良性竞争中产出最具创新价值的研究成果。

5.3.2.4　生态位相连重叠

Ⅳ区间处于标准情报智库联盟衰退／转化期，联盟成员间精细化的角色分工使知识活动愈加多元化，仅凭当前生态位的资源储备已无法满足知识服务需求，知识主体需要继续拓展生态位宽度获取异质性知识资源。与此同时，智库研究建立在密切的协同合作关系基础上，这限制了联盟成员接触新知识的可能性，知识资源缺口逐渐涌现。为确保生态系统的动态平衡，知识主体需要在思维升维的基础上捕捉新的知识来源，通过知识生态位跃迁为智库研究创造新空间，并给予生态链一定反馈，以便为下一周期的演化奠定基础。

5.3.3　标准情报智库联盟知识生态系统的运行机制

在适应和应对内外部环境变化的基础上，标准情报智库联盟的运行过程涵盖了知识活动的诸多环节，占据不同生态位的联盟成员借助知识生态链进行协同互动和资源共享，显性知识与隐性知识经由知识生态链得以流转，在知识螺旋与迭代过程中不断提升智库融合研究能力，促进了高质量研究成果的产出。根据对自然界种族生态学的理论推演，学术界提出了适用于组织知识生态学的理论体系，构建了包括知识分布（Distribution）、知识互动（Interaction）、知识竞争（Competition）和知识演化（Evolution）在内的DICE模型，这较为全面地阐释了知识生态系统运行过程中知识、知识主体与环境间的复杂作用。基于此，本书构建了标准情报智库联盟情境下的DICE模型，旨在剖析标准情报智库联盟知识生态系统的运行机制，为标准情报智库联盟的生态化治理提供理论依据，具体如图5-4所示。

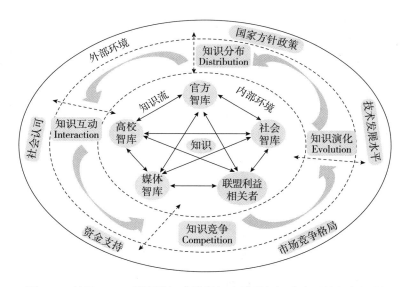

图5-4 基于DICE模型的标准情报智库联盟知识生态系统运行机制
资料来源：笔者整理。

5.3.3.1 知识分布

标准情报智库联盟知识生态系统内存在官方智库、高校智库、社会智库、媒体智库及联盟利益相关者等知识种群，分别包含不同类型的显性和隐性知识资源。在生态链的无边界延伸中，整个生态链上下游的知识主体秉持开放和共享理念，整合集聚生成标准情报智库联盟的资源池，为培育智库研究合力奠定基础。经历知识的解构与重组，打破了"知识孤岛"，联盟成员间的知识分布状态不断优化，知识流动过程愈加精准和通透，尊重专业、相互成就的生态共创关系正在成形。

5.3.3.2 知识互动

与自然生态系统相同，联盟成员像细胞一般不断进行新陈代谢和自我更新，各知识主体如同器官在各司其职、相互协作。因此，标准情报智库联盟取得竞争优势的关键便在于保持知识生态系统的进化与完善，使成员间的知识互动能够适应日新月异的知识环境。联盟成员围绕特定研究命题展开协同合作，传递和分享所持有的资源与能力，在不确定环境下迸发创新思想并作出决策。与此同时，在交互融合、资源共享的过程中，联盟资源池的知识资产也在持续更新与扩充。

5.3.3.3 知识竞争

标准情报智库联盟是在资源和需求驱动下以生态协同的方式开展高质量研究，衍生出复杂化、多样化的研究成果。为了提供统一的知识服务、产出最具价值的智库研究成果，联盟成员间的协同合作也存在一定竞争，通常会呈百家争鸣之势。为了在高维度空间实现融合，不同知识主体需要经历竞争和分歧而后达成一致的阶段，突破资源池固有的知识基础，在碰撞中催生全新知识创造机会，这有助于扩大标准情报智库联盟影响力，形成联盟独有的核心竞争优势。

5.3.3.4 知识演化

共同进化是生态系统理论的核心要义，标准情报智库联盟知识生态系统也不例外。为了充分调动知识资源为研究所用，降低重复性固定知识资产投入，知识需要不断进行创造和创新，联盟边界的外延也需持续向外拓展。因此，这深入推进了知识的动态变迁，为生态位上的各知识主体赋予更多能量，从而充分激发了智库研究的创造力。同时，有效释放了联盟成员的主观能动性，使其更加积极和灵活地应对内外部环境变化，促使知识竞争关系朝多边共赢的竞合方向转变。

由上述分析可知，在标准情报智库联盟知识生态系统运行过程中，知识分布、互动、竞争与演化四种生态关系紧密衔接、环环相扣，构成了完整的生态循环模式。基于标准情报智库联盟为知识主体所提供的生态化场景，不同联盟成员间建立生态联系来交换和共享异质性知识资源，可借助该知识生态共同体弥补单个智库的资源缺陷。"集百家之长，成一家之言"。通过强强联合和优劣互补的方式推动智库间的横向沟通和纵向协同，形成了高效、协调、联动的对策研究和提供机制，可使生态体系内分处不同生态位的联盟成员利用知识服务体系提升效率，从而发挥智库合力来科学、精准对接知识服务的现实需求，为解决新时代经济社会发展难题群策群力、献智献策。由此，联盟成员间实现共享共建、资源整合、彼此支持、互利发展，共同推动标准情报智库联盟凝聚力、支撑力和影响力的提升。

5.4 阿里研究院案例分析

5.4.1 案例选择

为进一步印证标准情报智库联盟知识生态系统的演化与运行机制，本书根植中国本土化的新型智库实践，立足数字化发展新趋势（Teli et al., 2017），选取阿里研究院为典型案例予以检验。阿里研究院成立于 2007 年，以阿里巴巴为核心发起者，秉持开发、分享、透明和责任的合作理念，已与众多国家智库、重点高校、学术协会及国际组织、国外高校、国际机构等建立了广泛深入的智库联盟合作关系，是国内最早出现的智库联盟组织形态，在全球智库百强榜单中占据一席之地。整理以往研究成果发现，还未有以阿里研究院为例的标准情报智库联盟知识生态系统研究。阿里研究院作为中国数字经济与数字治理领域蓬勃发展的亲身参与者和见证者，其标准情报智库联盟目标旨在为中国电子商务生态、产业升级、宏观经济等领域内的战略需求提供智力支持，据此开展了学术研究、课题合作、信息交流、论坛组织等多种形式的合作，有效促进了各智库间的资源整合与优势互补，整体提升了数字经济与数字治理政策研究能力和决策咨询服务水平。回溯阿里研究院的发展历程，与前文所探讨的标准情报智库联盟知识生态系统的演进路径较为契合。因此，本书将其作为案例分析对象并归纳其主要亮点，具有极高的理论研究意义与实践推广价值。

5.4.2　知识生态链分析

标准情报智库联盟的研究成果源于实践需求，反之也为实践提供理论指导。在数字化新时代环境条件下，阿里研究院深耕数字经济商业生态，与包括众多顶尖学者和机构在内的知识主体一同打造了极具价值的新商业知识生态链，已成为促进"实践者＋研究者"精准对接的开放式研究平台。为深入推进标准情报智库联盟前沿研究布局，阿里研究院借助知识生态链整合并利用优质知识资源，在各链层逐级互动的基础上进行资源供需的实时反馈，将各生态位上的知识主体联结为有机统一的整体，从而建立了高效协同的研究机制。具体而言，从信息链来看，在阿里云技术支持下，阿里研究院将海量大数据化繁为简，先后推出 aSPI-core、aSPI、aEDI、aCCI、aBAI 及数据地图等数据产品，从中识别和筛选富有价值的信息和知识资源，并将学术界与业界的知识资源精确调配，显著提升了生态链的知识流转效率，激发了知识生态链的创新力与活力，充分促进了标准情报智库联盟的研究成果产出。就活动链而言，联盟内部建立了有序的资源协调决策机制，基于阿里研究院这一无边界开放式生态平台开展了如"看中国"高端思想论坛、中国淘宝村高峰论坛、新经济智库大会、新商业学堂等代表性品牌知识活动，依托阿里知识资源深入探索创新。在紧跟新经济与大未来趋势的基础上不断拓展研究领域，从而将阿里实践与学术研究紧密结合，持续推进中国数字经济的未来发展。而针对主体链，阿里研究院产学研互动的成功开展，离不开知识生态链中知识主体之间的紧密合作。服务于中国数字化的现实发展需求，阿里研究院与国内外众多政府部门、高校、媒体及企业进行研究互动，从更高维度提升了整个标准情报智库联盟的影响力。通过打造完整有序的知识生态链，近年来阿里研究院与联盟合作伙伴共同发布了大批富有影响力的重磅智库研究报告与精华文章，"阿里式"的新型智库联盟关系已然形成。

5.4.3　运行过程分析

根据本书所构建的理论分析框架，把阿里研究院的整个生命周期演化过程作为案例分析主线，辅以内容分析法来梳理和总结其各阶段内的代表性联盟活动，据此阐释阿里研究院智库联盟知识生态系统的演化与运行机制，为推进中国新形势下标准情报智库联盟建设与生态化治理提供经验借鉴。

5.4.3.1 联盟组建期（2007~2008 年）

2007 年 4 月，阿里研究中心正式成立，发轫于网商研究，成为现阶段智库联盟的首要任务。此后，第一届新经济·新商务系列论坛于 2007 年 8 月正式拉开帷幕，围绕网商崛起、长尾理论、网商发展的商业自由度等主题共同展开研究探讨。2008 年 7 月，联合中国信息经济学会电子商务专业委员会在西安交通大学主办首届电子商务生态学术研讨会，针对电子商务生态这一前沿领域展开探索与研究，发布《电子商务生态研究指南》。2008 年 8 月，顺利举办首届网商发展学术研讨会，其间与多家研究机构、媒体和网商团体共同发起设立网商研究中心，正式打造致力于网商研究的开放式生态研究平台和网络。该阶段，阿里研究中心知识生态随着中国电子商务的发展而粗具规模，在知识生态链分处不同生态位的知识主体能够围绕网商研究发挥特定功能，初步取得一些研究成果。然而，由于尚未建立成熟有效的协同创新合作机制，联盟成员多为磨合与试探性合作，且生态链的部分链层有所欠缺，生态位的价值创造受限，丰富的网商资源还有待深入开发利用。

5.4.3.2 联盟发展期（2009~2013 年）

持续推进中国电子商务生态圈的发展，进一步加强学界与业界的深入交流，成为该阶段智库联盟工作的主要着力点。为此，阿里研究中心于 2009 年 2 月正式启动阿里巴巴青年学者支持计划，成立的阿里巴巴集团博士后工作站为智库研究提供了充足的人才保障。2011 年 9 月，以探讨中国信息社会发展问题、促进中国信息社会发展为己任，5 家单位共同发起成立信息社会 50 人论坛。2012 年 7 月，设立阿里巴巴集团政策研究室，并于同年 9 月在杭州举行首届电子商务园区发展论坛。紧跟中国农村电子商务和新型城镇化的发展趋势，首届中国淘宝村高峰论坛于 2013 年 12 月在浙江丽水召开，会上发布《淘宝村研究微报告 2.0》。该阶段，阿里研究中心的运行逐步迈入正轨，呈高速发展态势，知识生态系统随之不断优化完善。知识生态链的各链层围绕中国特定的信息社会问题进行运转，不同学术群体发挥各自所长建言献策，知识生态位开始产生点重叠现象。在激烈的思想辩驳和理论交锋中，相关专家秉持开放共享和相互学习理念广泛开展深入的探讨和交流，通过集聚成员知识优势合力打造阿里研究品牌，满足生态化发展的战略需求，履行了智库联盟的社会责任。

5.4.3.3 联盟成熟期（2014~2017 年）

为进一步整合平台资源以适应现实需求，全新的阿里研究院于 2014 年 11 月应运而生。深耕全球经济发展、互联网经济、创新驱动等研究任务，2015 年 6 月，和浙江大学经济学院、日内瓦高级国际关系及发展学院金融发展中心共同举办"创新与全球经济论坛"。同年 7 月，第一届学术委员会正式成立，阿里智囊团由此形成。为深化未来中国特色的劳动和就业领域研究，与中国人民大学劳动人事学院等 13 家单位于 2016 年 11 月倡议发起"中国新就业论坛"。同年 12 月，与北京大学中国信用研究中心一同发起成立互联网信用研究中心。为总结中国利用电子商务促进普惠发展的实践经验，和国际贸易中心、联合国贸发会议于 2017 年 4 月共同举办"普惠发展和电子商务：中国实践"论坛。同年 11 月，与北京大学光华管理学院联合举办首届"看中国"高端思想论坛，已成为新商业思想的聚焦地与策源地。该阶段，阿里研究院的生态系统边界在持续扩张，所涉猎的研究领域日益广泛，生态位功能发挥也渐入佳境，彰显出较高的资源共享能力与生态化能力。屹立在时代发展前沿，通过与新的机构和专家不断建立研究合作关系，频繁开展多样化的论坛和沙龙活动，得以吸纳和集聚有价值的知识资源来扩充生态位空间，推动着知识生态链的价值重构。同时，从小规模联盟过渡到更大规模生态体系的构建，阿里研究院合理统筹系统内不同利益相关者的实际诉求，带动理论与实践之间壁垒的逐渐消解，进而在协调系统要素的过程中使其利益达到动态平衡。

5.4.3.4 联盟转化期（2018 年以来）

进入新商业时代，数据生产力高速崛起，阿里研究院正在加速推进生态系统的升维布局。以探究中国流通与零售问题为己任，2018 年 12 月，率先发起新零售研究高端智库"新零售 50 人论坛"。2019 年，先后入选《全球智库报告 2018》、"2018 年中国智库影响力评价与排名"榜单，与清华大学经济管理学院共同发起成立的"新商业学堂"也正式开学，旨在提供数字化转型的战略思想和方法论。2020 年，中国数字化发展全面加速，数智化场景呈井喷式爆发，全社会数字化、新基建和互联网新周期成为新趋势，经济社会环境的不确定性愈加突出，阿里研究院顺势联合发起成立数字经济新基建智库平台，以便拥抱数字时代的新基础设施，使智库研究重新焕发生机与活力。在该阶段，阿里研究院面临愈加复杂的内外部环境，机遇和挑战并存，因而结合自身发展状况对组织变革予以适时调整和完善，对内部流程进行梳理，这已成为平台运行的新常态。新的研究需求层出不穷，生态位亟须从横、纵两个方向深入拓展，在横向上不断细化链条层次，纵向上持续挖掘知识主体内驱力，以确保整个生态系统的协同发展。从长远发展来看，为化解稀缺知识资源在环境巨变中的流失风险，推动阿里研究院向高度无界化的联盟平台转化势在必行。通过加速数据、信息、知识和人才的流通，及时释放强大的人力、智力和资源潜力，推动整个知识生态系统朝着更为繁复高深的方向演化。

总体而言，通过分析阿里研究院的发展变迁史，生动诠释了智库联盟知识生态系统的演化和运行规律。阿里研究院坚持以智库联盟合作关系为纽带，以研究能力为先导，以智库影响力建设为动力，以高质量成果产出求发展，在不断适应数字经济环境变化的过程中实现价值共创，确保了整个平台知识生态系统的运行秩序，恰好印证了 DICE 知识生态模式的效用。通过紧抓时代机遇激发智库联合研究合力，建构互联、互通与互补的协同联动机制，推动智库间的融合创新发展，显著提升智库联盟建设的成果质量。其发展经验表明，智库联盟创新合作是应对未来不确定性的重要抓手，而打造衔接紧密的知识生态链便成为提升其协同创新效率的着力点，由此阿里研究院始终保持强大的生态竞争力。

5.5 标准情报智库联盟知识生态系统的治理机制 与稳态机制

5.5.1 标准情报智库联盟知识生态系统的治理机制

知识经济时代下，要想在全球化竞争中充分利用战略联盟，必须面对治理秩序的构建问题。标准情报智库联盟知识生态系统持续与外界环境进行知识与价值的交换，会受到动态变化的环境影响。如同自然生态系统一般，标准情报智库联盟知识生态系统同样具有自我修复、自我调节的作用机制，以适应环境变化、保持稳定的联盟秩序。由于竞争是知识生态系统演化的重要动力来源，本书将重点从竞合关系角度，阐述标准情报智库联盟知识生态系统的治理机制。

标准情报智库联盟知识生态系统受到利益与资源因素的交互影响。一方面，联盟成员间知识资源的分布不均，加上知识的开发利用水平不对等，使信息不对称影响了知识的流动和共享；另一方面，为提升标准化能力、占据市场份额，知识主体间难免存在利益冲突与竞争。为实现既定的联盟目标和自身经济利益，联盟成员间出现了竞争与合作共存的非线性作用关系。因此，如何在知识生态系统中拓宽知识生态位宽度，在有利的生态位中占据更多知识资源，成为各主体组建、参与标准情报智库联盟面临的重要现实问题。

知识资源的多样性与知识生态位宽度密切相关。知识生态位宽度是指各知识主体在标准情报智库联盟知识生态系统中可利用的各种知识资源总和，即知识资源的丰富程度。如果某位联盟成员可利用的资源只占总资源较少比重，则该主体的知识生态位较窄；反之，若知识主体可利用的知识资源较为丰富，则其具有较宽的知识生态位。知识生态链中众多主体彼此联结，形成了复杂的标准化主体行动网络，因此引发知识生态位的重叠情况。如图 5-5 所示，不同知识主体利用相同的知识资源，资源缺乏造成联盟成员间竞争加剧，影响了知识生态系统的发展。

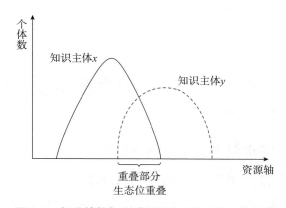

图 5-5　标准情报智库联盟知识生态系统的生态位

资料来源：笔者整理。

$$P_i = \frac{N_i}{N_1 + \cdots + N_i + \cdots + N_s} \tag{5-1}$$

$$B = \frac{1}{\sum\limits_{i=1}^{s} (P_i)^2} \tag{5-2}$$

按照生态位态势理论，标准情报智库联盟知识生态系统的知识生态位可分为"态"和"势"两个基本属性。"态"是知识主体与知识环境相互作用的累积成果；"势"是知识资源的增长率、标准更新频率、市场占有率等。由此，在式（5-1）中，设某知识主体在 S 种知识资源中进行选择以制定标准，获取每种资源的个体数分别为 N_1，$\cdots$，N_i，$\cdots$，N_s，则获取第 i 种资源的知识个体数所占总数的比例，根据莱文斯提出的式（5-2）可计算得到知识生态位宽度（B）。在标准情报智库联盟知识生态系统中，若获取每种知识资源的知识个体数量相等，则知识主体在该联盟中占有最宽的知识生态位，此时 B 取最大值；若所有主体来抢夺竞争同一种知识资源，则该物种的知识生态位最窄，B 取最小值。不难发现，知识生态位宽度主要是衡量知识主体获取知识资源范围的广泛程度。当核心知识资源缺乏时，知识主体会增加获取知识资源的种类，寻求替代资源来制定标准，生态位加宽；反之，知识获取的来源渠道缩小，则主要聚焦于某种特定资源，生态位变窄。

$$\alpha_{xy} = \frac{\sum\limits_{i=1}^{s} P_{xi} P_{yi}}{\sum\limits_{i=1}^{s} (P_{xi})^2} = \sum_{i=1}^{s} P_{xi} P_{yi} (B_x) \tag{5-3}$$

$$\alpha_{xy} \neq \alpha_{yx} \tag{5-4}$$

根据沃尔泰拉的种群计算公式，用竞争系数（α）表示生态位的重叠程度。式（5-3）建立了知识主体 x 与知识主体 y 之间的生态位重叠关系，将 y 的生态位宽度（B_y）代式中的（B_x），即可得到知识主体 y 对知识主体 x 的生态位重叠度。由此可以看出，重叠程度主要取决于生态位宽度及知识主体获取同一知识资源的概率。由式（5-4）得知，由于标准情报智库联盟知识生态系统中多数知识主体的生态位宽度并不一致，生态位重叠对知识主体造成的影响并不相等。

基于以上分析发现，生态位关系和资源配置状态影响着标准情报智库联盟知识生态系统结构的合理性和知识价值的发挥。竞合机制作为标准情报智库联盟知识生态系统治理机制的重要组成部分，能够使其保持动态平衡状态。适度竞争并不会对其运行秩序产生负面影响，反而能够激发知识主体的创新动力，维持知识生态系统的稳定，实现标准的"跃迁"。同时，资源优势互补的知识主体间开展合作，能够拓展知识生态位的宽度，增加联盟知识库的知识存量，并提升联盟成员的标准化能力。

5.5.2　标准情报智库联盟知识生态系统的稳态机制

标准情报智库联盟知识生态系统的稳态作用机制呈现多层次、多角度的现实特征，分析标准情报智库联盟知识生态系统的演化模式，是为了加强对标准情报智库联盟的管理，降低标准制定和实施的不确定性。基于对系统要素结构、知识生态位、知识生态链等原理的剖析，本书从知识生态系统演化角度综观标准情报智库联盟的跃迁演化过程，建立了标准情报智库联盟稳态机制的整合性理论分析框架（见图5-6）。

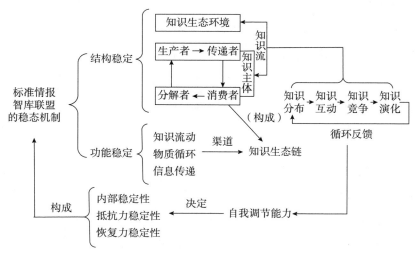

图5-6　标准情报智库联盟稳定性的分析框架

资料来源：笔者整理。

在自然界群落中物种混居，由于生存资源和环境空间的限制，物种间既竞争又合作，形成了相互作用的种间关系。物种基于自身生态位，在竞争中提升自身的生存适应能力，在合作中共享食物资源和空间以达到双赢。经过长期的自然选择和进化，物种间形成了有利有害、无利无害的稳定关系。无独有偶，标准情报智库联盟知识生态系统同样面临知识资源有限与市场竞争激烈的现实问题。在知识主体与知识环境的协同交互作用中，知识生态系统逐渐具备了自我调节、自我修复与自我延续的能力（谢守美，2010），抵抗变化和保持平衡状态，维持着标准情报智库联盟的正常运行，这也正是标准情报智库联盟的稳定性所在，其表现为结构稳定和功能稳定两个方面：

其一，结构稳定。知识主体与知识环境基于知识流动形成了标准情报智库联盟知识生态系统的要素层级结构，建立了知识生产者、知识传递者、知识消费者、知识分解者与内部、外部知识环境间的相互联系，实现了异质性知识主体在时间、空间上的层级转化，使各联盟成员维持动态平衡的竞争合作状态，进而从整体上保持了标准情报智库联盟的平衡性和均质性。

其二，功能稳定。各节点上的知识主体彼此联结构成了知识生态链，为标准情报智库联盟知识生态系统的功能发挥提供了渠道。知识流动发生在知识生态链的各个环节，是知识主体优劣势互补、应对知识环境干扰的重要途径；物质循环表现为标准在知识主体间的循环使用，并逐渐上升为联盟内各知识主体开展知识管理活动的准则，以此生产可商用的产品参与市场竞争；信息传递则帮助各知识主体及时捕捉市场信息，对用户的标准需求做出快速响应。

5.5.3 标准情报智库联盟的稳定性分析

自然界生态系统的稳定性分析，包括内因和外因。内因即生物群落和种间关系，外因则是非生物因素（黎静、关问文，2014）。由此出发，标准情报智库联盟知识生态系统的稳定性分析，也应从内部和外部两个角度辩证看待。通过知识分布、知识互动、知识竞争和知识演化等交互运行模式，知识生态系统形成了动态的自我调节能力，并决定了标准情报智库联盟的稳定程度。

具体而言，其既涵盖抵抗力稳定性和恢复力稳定性的外部层面，又包含内部稳定性层面。

5.5.3.1 内部稳定性

标准情报智库联盟的内部稳定性，主要表现在知识资源丰富度、知识主体数量和知识主体关系三个方面。首先，随着标准情报智库联盟的组建和发展，知识生态系统的演化进程也在不断推进。这一过程伴随知识资源的累积，使知识资源种类愈加丰富，知识生态链的联结使知识生态系统结构更加复杂，因而降低了知识资源限制而对联盟秩序产生的干扰。其次，就知识生态系统而言，倘若某些知识主体的数量发生急剧变化，会使与其相对的知识资源、知识环境无法及时做出适应性调整，导致标准情报智库联盟的稳定性明显降低。最后，作为协同进化、生态共生的知识生态系统，知识主体之间、知识主体与知识环境的作用关系，以及冲突式竞争、市场环境恶化等均对标准情报智库联盟的稳定性产生重要影响。

5.5.3.2 外部稳定性

标准情报智库联盟在外界环境的干扰下，知识生态系统的稳定性主要体现在抵抗力稳定性和恢复力稳定性两个方面。系统在受到外界知识环境的不利影响下，仍能保持要素层级结构稳定和功能稳定的能力，即抵抗力稳定性；恢复力稳定性反映的是系统在受到外界知识环境因素干扰的情况下，恢复其原状的能力。外界知识环境干扰的强度、时间和周期，都会对标准情报智库联盟稳定性产生破坏性影响。图5-7描述了抵抗力稳定性和恢复力稳定性在外界知识环境干扰下的变化情形，两条虚线之间的部分表示知识生态系统功能和知识价值的正常波动范围。T（抵抗力指标）表示外界知识环境干扰下系统偏离正常值的大小，S（恢复力指标）表示受到外界知识环境干扰后系统恢复原状所需的时间长短。T越大、S越长，表明标准情报智库联盟知识生态系统的抵抗力和恢复力越弱，反之则越强。TS表示衡量外部稳定性的总定量指标，用波动曲线与正常范围所围成的面积来表示：若T与S的值越大，则TS的面积范围越大，意味着标准情报智库联盟的稳定性越低；反之则代表知识生态链复杂，知识生态系统抵抗知识环境变化和系统恢复的能力就越强，标准情报智库联盟稳定性就越强。

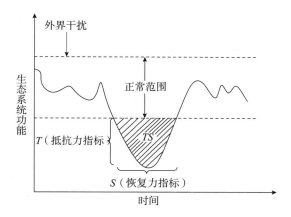

图 5-7　标准情报智库联盟知识生态系统外部稳定性示意

资料来源：笔者整理。

5.5.3.3　稳定性原理

知识生态位代表着知识主体与其他知识主体、知识环境在知识生态系统中的功能关系，当两个及以上知识主体的生态位部分或者完全相同时，即出现了生态位重叠现象。用 $m \times n$ 矩阵表示知识生态系统中的生态位重叠，描述整个标准情报智库联盟内每种知识资源被每个知识主体的利用量，其中 m 为系统中 m 种知识资源的状态，n 为系统中 n 个知识主体的数量。由 $m \times n$ 矩阵可进一步得到覆盖整个标准情报智库联盟知识主体的 $n \times n$ 生态重叠矩阵，其对角线上的各元素值为 1（每个知识主体的自我重叠），知识生态位重叠值与竞争强度成正比，由此得到式（5-5）。

$$X_{\alpha\beta} = \frac{\sum_{r=1}^{R} P_{\alpha r} P_{\beta r}}{\sqrt{\left(\sum_{r=1}^{R} P_{\alpha r}\right)^2 \left(\sum_{r=1}^{R} P_{\beta r}\right)^2}} \qquad （5-5）$$

式中：$X_{\alpha\beta}$ 为知识主体 α 和 β 的生态位重叠度；$P_{\alpha r}$ 和 $P_{\beta r}$ 为知识主体 α 和 β 对知识资源 r（$\alpha = 1 \rightarrow n$）的利用范围，生态位重叠度的取值范围是 0~1，意味着生态位从完全分离到完全重叠的不同状态。可以看出，知识主体之间的竞争与知识资源可利用度的限制造成了生态位重叠，对知识生态系统施加了竞争压力，最终导致标准情报智库联盟的稳定程度降低。

依据生态位态势理论（Wells，2015），标准情报智库联盟知识生态系统内知识主体、知识资源与知识环境之间存在协同交互作用，且表现出态和势两种属性，促使其实现了更高层次的演化发展，提升了标准情报智库联盟的竞争力与知识资源的控制力。就由 n 个知识主体组成的某个标准情报智库联盟而言，其知识主体的态与势是不断动态变化的，可用式（5-6）进行描绘。

$$N_\alpha = (S_\alpha + A_\alpha P_\alpha) / \sum_{\beta=1}^{n} (S_\beta + A_\beta P_\beta) \qquad （5\text{-}6）$$

式中：N_α 为知识主体 α 的竞争生态位；S_α、S_β 分别为知识主体 α 与知识主体 β 竞争生态位的态；P_α、P_β 分别为知识主体 α 与知识主体 β 竞争生态位的势；A_α 和 A_β 为量纲转换系数；$S_\beta + A_\beta P_\beta$ 为知识主体竞争绝对生态位。对于知识生态系统来说，N_β 的值越趋近于 1，则表明竞争生态位越大，代表该知识主体在标准情报智库联盟中的竞争地位越高，在整个知识生态系统中发挥的生态作用越强，对于知识环境产生的影响越大，知识资源的可利用度也就越高，其竞争力自然较强；反之，则意味着竞争生态位越小，发挥的知识生态作用有限，可利用的知识资源范围也越狭窄，在标准情报智库联盟竞争中处于弱势地位。

5.5.4 标准情报智库联盟的稳态作用机制

知识生态系统的演化过程主要体现在时间尺度上的变化，在知识环境的动态影响与知识主体之间的交互作用中保持着标准情报智库联盟的稳定。标准化与知识管理既是协同互动的周期循环过程，又是密切相关的系统过程（姜红等，2018）。在分析标准情报智库联盟稳定性的成分与原理的基础上，揭示标准情报智库联盟知识生态系统的稳态调控机制，成为指导联盟成员开展知识管理活动的重要依据。

5.5.4.1 循环反馈机制

知识生态系统遵循 DICE 的交互运行模式，基于知识分布、知识互动、知识竞争与知识演化四种生态作用机制的相互联系，并通过知识流动对标准的性能做出反馈。应用性强的标准由于满足了用户需求，基于正反馈使其得以在整个联盟层面推广，而负反馈使无法适应市场需要、性能低下的标准被适时淘汰。同时，知识生产者、知识传递者、知识消费者和知识分解者在知识生态链中衍生出开放式的闭环循环路径，正反馈使知识主体数量和知识资源可利用度增加，负反馈使系统的抵抗力和恢复力提升，由此提升了标准情报智库联盟的稳定性水平。

5.5.4.2　层次作用机制

"知识主体—知识—知识环境"是标准情报智库联盟知识生态系统要素层级结构的核心，是知识生态系统演化与联盟稳定的前提和基础。知识生态系统作为由简单到复杂、由低级到高级的渐变式演化过程，是在知识的整合利用与标准的更迭换代中完成的，许多要素在此过程中发挥着关键的过渡作用。知识主体所处的生态位和拥有的知识资源千差万别，最初均将模仿创新作为演化过程的起点，经过层级间知识的流转吸收而扩展至整个知识生态系统，获取相对应的知识生态位。正是由于层次作用机制的存在，才使各要素间逐步适应，并通过长期的相互作用建立了平稳的联盟秩序。

5.5.4.3　动态调节机制

动态变化的知识环境对标准情报智库联盟的应变性和响应性提出了很高的要求，在此形势下，自我调节能力成为知识生态系统结构和功能稳定的重要保障。知识主体开展知识活动来抢占生存性知识资源，必须适应动态变化的知识环境以获得支持性资源。这就要求其既要吸收利用其他知识主体的先进知识成果，又要具备知识创新能力来提升标准化水平。当新旧知识需求发生冲突时，知识主体提出知识生态系统的演化要求，推动标准情报智库联盟进行动态性调整，将有利于知识标准化的因素纳入知识生态系统的要素结构，促使标准情报智库联盟始终处于结构与功能的稳定状态。

总体而言，关系多样化、结构柔性化、研究无界化深刻改变着传统的智库建设理念，并对原有的智库管理思想和方法带来巨大挑战，重构智库组织模式已成为知识进化的必然选择，而营造多边共赢的智库联盟正是释放其研究活力的关键所在。由知识生态视角探明标准情报智库联盟与知识管理的生态化协同机制，不仅是解决智库成果产出质量问题的迫切需要，也是实现智库价值赋能改革发展的题中之义。本章在回顾相关文献成果的基础上，分析了标准情报智库联盟知识生态系统的组成要素与特征表现，从横、纵两个维度阐释知识生态位的功能逻辑，全面描绘知识生态链的链层结构。随后搭建起标准情报智库联盟知识生态系统演化矩阵，深入剖析了标准情报智库联盟知识生态系统的运行机制，并选取阿里研究院作为典型案例予以验证，以期推进新形势下的智库联盟的建设发展，并为打造富生态、共治理的"智库+"模式提供参考。

（1）系统要素层面。以现实需求为研究导向，标准情报智库联盟知识生态系统涵盖知识、知识主体和知识环境等要素间的复杂作用，彼此相互依存、不可分割。因此，处于动态多变的内外部环境中，应充分发挥多元主体作用调动联盟成员的心智协同能力，增强其知识服务能力，并围绕思想型智库人才建立高效的互动对话机制。同时，为促进知识资源的大流通，需要确立自由匹配、灵活畅通的整合共享渠道，从而在频繁的知识互动中协调各方利益，实现整个生态系统的协同发展。

（2）演化动力层面。知识生态链的各链层间环环相扣，带动标准情报智库联盟知识生态系统的跃迁式演进。在以共享生态为主要特征的智库联盟中，需要建立以底层技术与大数据为基础的开放式研究平台，促使处于不同生态位的知识主体自由连接，在生态位关系的叠加和组合中输出高质量的智库研究成果。以合力赋能的方式协调各种生态要素提升智库联盟的价值共创能力，孵化相互成就的知识分享机制，提升联盟群体凝聚力，使联盟成员实现共同升维、进化和繁荣（孙瑞英、王浩，2019）。

（3）运行效率层面。知识资源转化为智库成果，演变为标准情报智库联盟的核心竞争力，是知识生态系统服务于标准情报智库联盟的根本目标，也是标准情报智库联盟形成和发展的原动力。随着联盟成员之间的研究边界愈加模糊，围绕特定的研究任务和工作，应持续不断地进行知识交互与研究结果分析，并通过科学合理的评价机制向知识源予以反馈，在不断优化完善研究体系的过程中确保知识生态系统的稳定有序运行，提升标准情报智库联盟的创新力和影响力。

06

知识创新驱动的标准竞争情报行为

随着网络型产业的迅猛发展，企业间围绕标准控制权的竞争愈演愈烈。自 20 世纪 70 年代桑德斯（Sanders）、韦尔曼（Veman）等学者开创技术标准研究议题至今，标准竞争情报研究越发成为广受关注的经济和政治热点。20 世纪 80 年代，卡茨（Katz）、法雷尔（Farrell）将网络外部性理论引入技术标准领域，从此，经济学进路成为标准研究的主导范式。近年来，标准竞争情报的国际化趋势日趋明朗，很多学者从社会学、政治学等角度拓展研究。但整体而言，标准理论研究进展缓慢，仍存在两个方面的不足：①已有研究多从中观、宏观层面和静态视角出发，忽略了标准化中企业的主体作用，也忽视了标准化作为一个纵向过程的动态性。②已有研究多从经济学、社会学进路出发，将标准视作商品、免费公共物品或规制，忽视了标准的技术知识特性，因而未能将知识发展的内在机制与标准化研究有效结合。

事实上，标准是企业知识资源的有机组成部分，也是企业知识资源的精华所在，标准的产生与迭代符合知识转化的一般规律。因此，标准化实际上是知识创新的过程，即企业内生知识变量的外显化（Slob and Vries，2002）。如前所述，从知识视角审视标准化的相关研究还很少见，尤其对下列问题鲜有论述：知识创新与标准化两者间是否存在协同关系？一定的知识创新动机下是否存在相匹配的标准竞争情报行为？知识创新驱动的标准竞争情报行为发生、发展的内在机制是什么？这些问题的探讨对于增强企业标准化能力、获取持续竞争优势具有重要的现实意义。

鉴于此，本书立足企业微观层面，聚焦生命周期视角剖析标准化阶段与知识创新活动间的协同关系，基于此建立知识创新驱动的企业标准竞争情报行为分析框架。理论上，能够进一步丰富标准化与知识管理理论；实践上，能够促使企业采取有利于发挥知识创新作用的标准竞争情报行为，从而提升标准化竞争力。

6.1　研究概述

6.1.1　知识创新

知识具有生命周期特性，这要求企业随着市场环境的变化而不断更新标准知识，创新便是知识更新的唯一途径。约瑟夫·熊彼特最早提出现代创新理论，强调技术突破所产生的经济价值，其创新理论为知识创新的相关研究奠定了基础。知识创新是技术创新的基础，是企业标准化的源泉。1993年，Amidon首次提出知识创新的概念，将其定义如下：通过创造、引进、交流和应用，将新思想转化为可销售的产品和服务，以取得企业经营成功、国家经济振兴和社会全面繁荣（孙涛，1999）。路甬祥（1998）认为，知识创新是借由科学研究获取新的自然科学和技术科学知识的进程。本书所研究的知识创新，指的是在标准化开发期，围绕标准基础之上的核心专利所开展的系列创新活动。

知识创新是主体开展一切创新活动的根本。近年来，学者针对知识创新开展的研究多围绕知识创新的驱动因素、机制、过程、特征、主体等方面展开，如唐青青等（2018）基于吸收能力视角，从学者知识创新的个体层面展开研究，结合社会网络理论实证探讨了网络特征、知识深度与知识创新间的关系；Nonaka等（2000）提出SECI螺旋模型来揭示知识创新的作用机制，指出知识经过社会化、外部化、组合化与内部化等过程，显性知识和隐性知识间不断相互转化，知识存量和流量呈螺旋上升趋势，但是该理论并未对组织间跨层次的知识创新作出阐释，未明确指出其具体实现途径。

基于技术专利的研发活动，提升企业标准的动态化制定能力，以形成企业独有的标准竞争优势，是增加企业价值、实现利益最大化的必然选择。具体而言，一方面，知识管理可以为组织实现知识共享提供新途径，同时为知识创新提供基础设施和条件（晏双生，2010）；另一方面，作为企业知识管理的核心，知识创新是企业发展的原动力，也是企业知识管理的关键目标。知识创新能够帮助企业赢得持久性竞争优势，对企业经营结果而言至关重要（Tang et al.，2016）。因此，知识创新的研发投入，成为衡量企业知识管理效果的重要依据，通过有效利用内外部资源为知识创新创造有利条件，为标准的开发奠定基础。

6.1.2 标准化与知识创新

从狭义上说，标准化是企业对与产品或服务有关的工艺、生产方法、规定、规则进行统一和规范的过程；从广义上说，标准化则是从研制标准、实现企业内部标准化到标准市场推广与扩散的整个过程。学术界对标准化的形成机制及影响因素、标准制定组织和联盟、政府干预与政策、标准化战略等方面开展了大量研究（王珊珊等，2014）。从知识层面来看，Mangelsdorf 等（2012）认为外部知识获取是企业参与标准化联盟的重要决定因素。孙晓康（2003）提出了标准知识管理的概念，是标准知识的挖掘、收集、整理、发布和推广的循环过程。赓金洲（2012）强调了标准化与创新间基于知识层面的联系。更多研究围绕标准化与知识产权及专利之间的关系而展开，如孙耀吾等（2006）认为知识产权是标准化的基本要素，朱晓薇和朱雪忠（2013）对专利技术与标准间的冲突、解决措施及专利许可费等问题展开了研究。通过对上述文献的梳理，不难发现标准化和知识创新研究基本呈现相对分离态势，知识创新对标准化的影响过程尚不清晰，理论层面的相关研究仍需深入。

6.1.3 标准竞争情报行为特征

随着科学技术的发展，标准已成为企业竞争的"战略制高点"，并深刻影响企业行为。标准竞争情报行为是指在标准化过程中企业为将自己的技术推广为标准而采取的相关情报行为（Chen et al.，1992）。关于标准竞争情报行为的研究主要围绕标准化战略的保障措施展开，在不确定的竞争环境中，企业标准竞争情报行为的特征表现在两个方面：一是多样性，即标准竞争企业并非实施单一的技术行为，如加大技术创新力度（林洲钰等，2014），并注重采取和整合非技术行为（如市场行为、政治行为、公关行为等）获取竞争优势（吕萍、李正中，2004）。二是动态性，即标准竞争企业需要通过行为选择和转换保持长期竞争优势。根据动态竞争理论，企业的竞争行为本质上是动态的，企业需要跟踪竞争对手，根据标准竞争态势适时调整行为，创造新优势。

6.1.4   标准竞争行为分类

借鉴相关研究对竞争行为的划分（刘小平等，2015），本书将标准竞争行为分为市场行为和非市场行为两类，其中非市场行为包括技术行为、联盟行为、政治行为和情报行为，具体分类及说明如表6-1所示。

表 6-1   标准竞争行为分类说明

标准竞争行为		主要内容说明
市场行为	价格策略	指以渗透定价或掠夺定价的低价格策略快速扩大用户安装基础、锁定用户，抵御新进入者
	收购合并	指通过收购、合并等方式获得核心技术和市场
	品牌营销	指培育品牌和口碑等无形资产，配合广告、促销、公关等营销手段，扩大市场影响力
	产品预告	指在新的标准投入使用前，提前向用户和产业其他企业宣布将要推出的新标准产品
	先发制人	指企业标准产品化后，较竞争对手抢先进入市场
非市场行为	技术行为	指企业的技术和产品研发，也包括专利申请、许可、转让等运营管理行为
	联盟行为	指企业以联盟形式在研发、生产和市场等方面进行合作，创立标准并使其获得市场认可
	政治行为	指企业采取的试图影响政府标准化政策或标准管制过程的行为
	情报行为	指收集、加工、存储、分析、研究标准化相关情报信息

资料来源：笔者整理。

6.1.5   标准生命周期

标准化是一个纵向过程，其工作往往会持续多年，生命周期模型可用于确定标准演化阶段。从一项新技术的研发创新开始，到标准的形成，直至标准商用产品的生产、推广扩散，组成了标准化循环往复的动态生命周期过程。

同时，继续为新的技术创新活动做好准备，孕育下一标准生命周期的开始。知识管理的流转性，决定着动态过程每个阶段的推进，知识管理均发挥着重要的推动作用，从而保证标准化达到预期效果，使企业获得更多市场机会和超额利润，形成市场核心竞争力。

迄今为止，国内外学者对标准化过程的阶段划分持有不同观点。Söderström（2004）基于七种主流标准生命周期模型观点的对比分析，给出了相应的标准化生命周期模型，包括标准准备、开发、产品开发、执行、使用和反馈等阶段。曾德明等（2015）建立了企业标准化能力指标体系，将标准化过程分为选择、制定和推广三个模块。王珊珊等（2012）则从标准的形成、产业化和市场化三个方面，研究了产业联盟和新兴产业的标准化过程和特点。李保红和吕廷杰（2009）基于熊彼特创新三段论，构建标准生命周期概念模型，提出将该过程划分为标准形成、实施和扩散三个阶段。基于上述研究，本书将标准生命周期划分为准备期、开发期、实施期和推广期四个阶段，如图6-1所示。

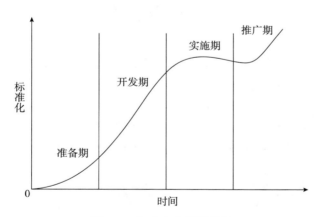

图6-1 标准生命周期进程

资料来源：笔者整理。

6.1.5.1 准备期

准备期是标准化的准备阶段，即前标准化阶段。标准形成前首先要考虑标准化需求，如技术的前景预测、标准是否兼容、技术来源选择等。这是企业与内外部组织、人员进行思维交流和观念碰撞的过程，同时也是大量创新思想产生和累积的过程。

6.1.5.2 开发期

开发期主要进行技术研发和专利申请，企业以联盟或者竞争形式将专利纳入标准，最终形成标准文本的详细框架。在标准协商过程中，大量技术专家参与其中，汲取各方知识助力企业明确最优标准，因此这也是知识聚集的阶段。

6.1.5.3 实施期

实施期企业基于标准文本进一步研发可商用产品，即基于标准核心专利研发更具有商业价值的附属专利。因此，此阶段是持续创新和知识产权形成的关键阶段，需要投入大量研发人员和资金。产品研发过程中生成大量显性知识，以研发成果和产品专利的形式成为企业的核心竞争力。

6.1.5.4 推广期

推广期企业将标准产品导入市场，回收前期研发和标准研制的资金投入。随着标准产品的大规模制造和销售，标准知识得以扩散，促进整个产业技术水平升级和企业自主创新能力提高，企业新一轮的技术改进促进标准升级，新标准持续衍生，如此循环。

6.2 标准化知识创新螺旋模型构建

知识创新是企业产生和维持竞争优势的根本途径，学术界对其含义的理解尚未达成一致。从知识创新活动的角度来说，代表性观点如下：知识创新是企业在知识获取、处理、共享的基础上进行应用，并不断创新，进而提高企业竞争优势的过程（Nonaka and Takeuchi，1995）。知识创新是知识的激活、碰撞、扩散、整合及创新，最终实现价值增值的过程（史丽萍、唐书林，2011）。对于知识创新规律的揭示，影响较为广泛的是 Nonaka 提出的 SECI 模型，该模型将企业知识划分为隐性与显性两类，并通过社会化（Socializaton）、外部化（Externalization）、组合化（Combination）、内部化（Internalization）4 个螺旋上升的知识转化阶段实现知识价值增值（Nonaka et al.，2000）。从 SECI 过程与知识活动交互实现知识创新的视角出发，本书构建了面向标准化的知识创新螺旋模型（见图6-2）。该模型中的知识创新是指企业通过知识获取、知识创造、知识应用和知识转移等活动促进隐性知识向显性知识的转化，以螺旋上升方式实现知识价值的过程。

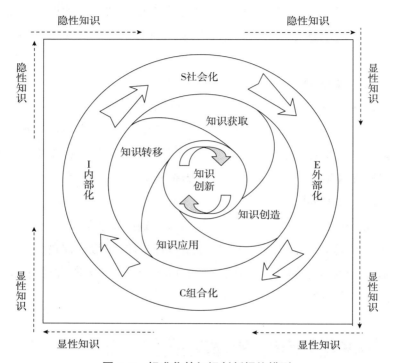

图 6-2　标准化的知识创新螺旋模型

资料来源：笔者整理。

6.2.1　社会化——知识获取

社会化是个体或企业间隐性知识交流、分享的过程。就标准而言，隐性知识体现为企业对标准需求的认知、标准形成惯例、企业家和技术人员心智模式、未成型的研究设想等。在标准准备期，未经编码的知识和信息零散地分布在不同标准化主体中，识别和获取这些隐性知识有助于企业更好地掌握标准化需求，从而进行科学的标准规划，同时通过交换认知产生更多的创新想法，为标准研制奠定基础。因此，社会化活动具体化为知识获取，为标准化提供知识源和信息源。

6.2.2　外部化——知识创造

外部化是将隐性知识转化为显性知识的过程，标准作为经过编码的显性知识，其研制和开发实际上是知识外部化的过程。在标准开发期，技术专家通过 R&D 等活动将模糊抽象的创新想法转化为以专利形式存在的新技术，创造出新知识。在此基础上，将分散的标准知识集成化、隐性的标准知识显性化和规范化，最终形成标准文本。因此，外部化活动具体化为知识创造，为标准化奠定技术基础。

6.2.3　组合化——知识应用

组合化是将各种外显化的显性知识综合为更为复杂的知识体系的过程。标准文本作为技术知识，必须与企业的生产、市场、客户及管理等方面知识组合运用，在标准核心专利的基础上开发出可商用产品，方可获取标准的实际应用价值。因此，组合化活动具体化为知识应用，是标准商用的必要途径。

6.2.4　内部化——知识转移

内部化是显性知识向隐性知识的转化。标准产品进入市场后，在突破企业边界的知识转移过程中，企业将显性的标准知识传播给更多用户，同用户建立多层次知识交互反馈机制（姜红等，2018），保障及时获得外部市场对企业知识创新成果的反馈，并内化为员工的隐性知识，成为新一轮知识创新的基础，促进标准迭代和创新。因此，内部化活动具体化为知识转移，推动标准的扩散和升级。

6.3　标准化与知识创新的协同机制分析

通过标准化相关研究和知识创新螺旋模型的分析可知，在标准生命周期进程中，标准化与知识创新各自形成一个动态循环系统，并且二者间存在协同互动的作用关系。知识创新强调过程，对标准化起到导向和驱动作用；标准化注重结果，对知识创新具有反馈作用。二者相互嵌套、相互作用，同步发展，具体的协同作用机制如图 6-3 所示。

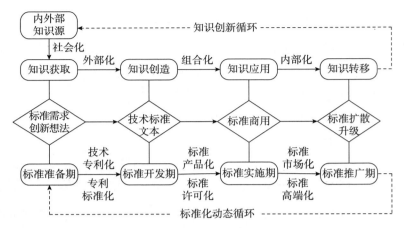

图 6-3   标准化与知识创新协同作用机制

资料来源：笔者整理。

6.3.1   准备期：以知识获取识别标准需求和创新想法

准备期是企业标准化活动的起点，该阶段企业的目的是挖掘、识别和提炼关于标准需求和创新想法的各种信息，主要依托技术专家和企业管理者的经验、直觉、感悟和实践。从隐性知识向隐性知识的转化与知识创新的社会化活动相契合，揭示了知识创新对标准化的内源推动效应，即知识获取是企业参与标准化的主要动因（Blind and Mangelsdorf，2016），是标准产生的源泉。内部员工、用户、产业链上下游企业、行业竞争对手、政府、行业协会及高校科研机构等异质性主体均是标准化知识链条上的重要知识源。准确捕捉知识源，选择最佳的知识获取方式和传递路径，才能有效利用内外部知识提升企业的标准化水平。

6.3.2   开发期：基于知识创造确定标准文本

开发期主要研制标准所需的核心技术。通过技术研发，准备期获取的标准需求和创新想法能够借助语言、图像、概念原型等显性知识得以表达。从隐性知识向显性知识的转化实际上是知识创造的过程，并将知识创新成果固化为标准文本，形成企业的知识基础。企业主要通过技术专利化、专利标准化构建一系列专利技术体系，获取和保持知识创造优势。需要注意的是，技术先进性只是其成为标准的必要条件，获得政策支持和市场认可，才有可能将专利纳入标准，成为标准核心专利。

6.3.3 实施期：通过知识应用实现标准商用

实施期主要进行标准的大规模商用，从而构建和完善标准产业链，扩大标准在产业内的应用范围，为标准制定者带来"赢者通吃"的竞争优势（许月恒等，2008）。企业通过标准产品化、产品许可化整合利用包括标准文本在内的各类显性知识，进行标准产品及配套构件的研发，衍生出一系列具有更高商业价值的产品从属专利。通过知识应用实现显性知识由低级到高级的跃迁也是标准体系化、标准元素系列化的过程。

6.3.4 推广期：利用知识转移推动标准扩散和升级

推广期是以技术使用者——"用户"为核心的市场化阶段，目标是最大限度地提升标准产品的用户安装基础和市场份额，从而促进企业标准上升为事实标准。标准推广外在表现为标准产品扩散，实质上则是标准知识的扩散和升华（张研，2010），知识转移是其内在驱动力。这一阶段，企业和用户之间进行双向知识转移：一方面，通过标准市场化将标准知识由企业转移至用户，不断扩大标准的市场影响力，赢得用户潜移默化的信任与支持；另一方面，在标准知识扩散的同时，企业的市场垄断优势也面临挑战，需要通过标准高端化将市场需求和变化信息导入企业的创新活动，内化为新的创新灵感和研究设想，酝酿新一轮的标准创新。

6.4 知识创新驱动的标准竞争情报行为分析

由前文分析可知，标准是知识的一种特殊形式，标准化在企业内外部显性知识与隐性知识的转化中向前推进。因此，知识创新是标准化的内在动力。同时，标准化必须借助具有操作性的行动方案的实施，才能实现由标准需求向事实标准的转化。可以说，知识创新活动内嵌于标准化过程，通过不同阶段的标准竞争情报行为得以实现。

6.4.1 知识创新驱动的标准竞争情报行为组合

标准化是一项复杂的系统工程，企业一般采取组合形式实施标准竞争行为，并且不同阶段的侧重点有所不同。结合标准化与知识创新的关系模型，依据标准不同生命周期阶段对应的知识创新子活动，本书归纳出四种知识创新驱动的标准竞争情报行为组合类型：信息竞争型、技术竞争型、产业竞争型和市场竞争型。各行为组合类型对应的市场行为和非市场行为如表 6-2 所示。

表 6-2　标准竞争情报行为组合类型

知识驱动力	行为组合类型	市场行为					非市场行为			
		价格策略	收购合并	品牌营销	产品预告	先发制人	技术行为	联盟行为	政治行为	情报行为
知识获取	信息竞争型						√			√*
知识创造	技术竞争型		√				√*	√		√
知识应用	产业竞争型						√	√*	√	√
知识转移	市场竞争型	√*		√*	√*	√*				√

注：* 表示该竞争行为是组合中的主导行为。
资料来源：笔者整理。

6.4.1.1　情报行为主导——知识获取驱动的信息竞争型行为组合

在准备期，企业实施信息竞争型行为组合的主要动因是获取标准信息情报。标准信息情报作为一种具有利用价值的动态知识（党马宏，2017），标准文献、技术发展报告、数据库等显性知识仅是其中一部分，更多体现为需要通过体验、直觉和洞察力才能获取的隐性知识。基于此，企业主要采取检索公开数据、技术论坛、内部会议、技术学习实践、高层会晤等情报行为和技术行为进行标准前沿知识的挖掘和获取，生产新知识，形成标准研发的知识基础。

6.4.1.2　技术行为主导——知识创造驱动的技术竞争型行为组合

在开发期，企业实施技术竞争型行为组合主要是开发标准核心专利，进行技术知识创造。循着技术专利化—专利标准化的标准知识转化路径，企业主要采取以技术研发、专利申请等技术行为为主的竞争方式获取核心技术

（施琴芬等，2003），也有少部分资源整合能力强的大企业采取收购合并的市场行为获得核心技术。由于标准体系具有高度的技术复杂性，单一企业不具备形成标准所需要的全部资源，往往也采取研发联盟形式进行技术开发。需要注意的是，为更好地研发核心专利，对行业内新技术和新标准的追踪与剖析也是必不可少的竞争手段（王珊珊等，2012）。

6.4.1.3 联盟行为主导——知识应用驱动的产业竞争型行为组合

在实施期，企业实施产业竞争型行为组合的目的是将标准文本与其他知识组合用于产品商用，顺着产业链传播标准知识。标准产品化和许可化的标准知识应用模式不仅要求企业深刻理解标准编码化知识，还要掌握整个产品架构的相关知识。鉴于知识主体的资源异质性和交易成本问题，企业主要通过建立或参与专利联盟的方式不断吸引产业内其他厂商参与标准化，确保标准配套产品的丰裕度和多样性（施琴芬等，2003）。同时，形成专利池统一对外许可专利，以专利运营等技术竞争行为实现标准应用价值。此外，积极争取政府在政策激励、利益协调和引导监管等方面的支持，可以稳固产业链信心，促进对产品研发的投入（王珊珊等，2012）。同样，利用标准竞争情报可以准确识别各企业间的关系（联盟关系/竞争关系）（刘彬彬等，2009），有效推进标准产业化进程。

6.4.1.4 市场行为主导——知识转移驱动的市场竞争型行为组合

在推广期，企业实施市场竞争型行为组合的目的是通过标准市场化与高端化实现标准知识的传递与传播，推动标准创新。只有将标准知识转移至最终用户，企业才能实现信息、技术、产业和市场的综合突破，才能获得知识创新的全部收益，达成标准化最终目标。因此，企业主要采取先发制人、预先发布、价格渗透或掠夺定价及品牌营销等市场竞争行为获取更大的市场份额（孙学斌，2008），促进标准知识转移；也可采取情报行为向内转移用户反馈等市场知识，促进标准的不断完善和升级。

6.4.2 知识创新驱动的标准竞争情报行为转换

基于动态竞争理论，企业需要不断调整竞争情报行为，以获得持续竞争优势（Smith et al.，1992）。标准竞争不同于产品、品牌、技术等传统竞争形式，基于标准竞争情报行为的多样性与动态性，分析知识创新驱动的标准竞争情报行为不同于一般行为的转换规律，有利于企业把握标准化过程中各环节的行动重点，将知识转化为标准竞争力。

如图6-4所示，标准化过程是市场行为与非市场行为的统一体，在不同知识创新目标的驱动下，沿着标准生命周期构建"非市场行为主导→市场行为主导"的知识传导路径。在标准化的不同阶段，知识创新路径存在较大差异：在标准准备期、开发期和实施期主要进行标准间竞争，知识的获取、创造和应用往往并非在市场环境中开展，主要通过情报行为、技术行为及联盟行为等非市场化方式实现，如通过主体间隐性知识交流进行的标准情报活动，这些活动是市场行为难以完成的，故而前三个阶段以非市场行为为主导；在标准推广期主要进行的是标准内竞争，借由扩大市场份额传播标准知识，因此，该阶段以市场行为为主导。基于前文分析不难发现，前期以非市场行为为主导的竞争行为组合是标准化的基础和保障，是知识价值实现和增值的重要前提；后期以市场行为为主导的竞争行为组合是标准化的关键，可以保障知识价值的最充分发挥。

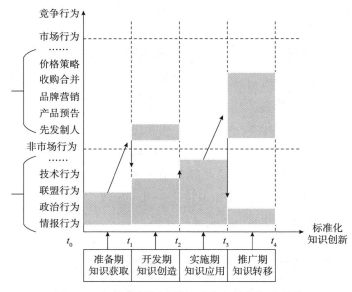

图6-4 知识创新驱动的标准竞争情报行为转换

资料来源：笔者整理。

此外，情报行为贯穿标准化过程始终。企业标准化全过程无一例外地仰仗标准竞争情报的支持，尤其是在标准准备期，反映了标准的知识本性。企业需采取多样化、差异化的情报行为满足不同阶段的情报需求。此外，相比显性知识，企业更需要采取有效的知识挖掘手段汲取更为重要的隐性知识。通过知识创新激发员工的创新意识，并不断积累新的知识和经验，进而提升标准情报工作效能。

总体而言，知识经济时代，标准化与知识发展深度融合，依托标准化与知识创新的协同发展，发挥知识创新对标准竞争行为的驱动效应，是企业标准制胜的必由之路。

本章立足标准化相关基本概念，基于 SECI 模型构建了内嵌于标准化的知识创新螺旋模型，并揭示了标准生命周期各个阶段中标准化与知识创新的协同作用机制，最后分析和归纳了知识创新驱动的标准竞争情报行为选择和转换的规律。主要结论与启示如下：

第一，构建了面向标准化的知识创新螺旋模型。在保留 Nonaka 的 SECI 模型中认知维度和知识转化阶段的基础上，融入知识获取、知识创造、知识应用和知识转移四个知识创新环节，构成多层次的知识创新螺旋模型，为标准化研究构建了清晰的知识构架。该结论引发启示，应当借助知识创新螺旋模型重新审视企业标准化过程，重视隐性知识的挖掘和转化在标准竞争中的重要作用，关注知识创新的关键影响因素。

第二，解析了标准化与知识创新的协同关系。在知识创新螺旋模型的基础上，从标准化生命周期的四个阶段入手，以标准化各阶段的主要目标作为连接标准化与知识创新的桥梁，以此为中介阐释标准化与知识创新的协同作用关系。同时，明确提出"技术专利化/标准化—标准产品化/许可化—标准市场化/高端化"的标准化路径，框定标准竞争行为的方向。这一结论启示：应以动态发展的眼光看待标准化相关问题，充分重视标准化各阶段中知识创新的作用，优化配置知识资源，塑造企业标准竞争优势。

第三，总结出一套完整的知识创新驱动的企业标准竞争情报行为框架。归纳标准化相关文献，概括标准竞争行为特征，将各种标准竞争情报行为归纳为信息竞争型、技术竞争型、产业竞争型和市场竞争型四种组合类型，阐明每种行为组合选择背后的知识创新驱动机制，并探讨标准竞争情报行为转换的特殊规律。该行为框架的提出，能够促使企业采取统一行为来规范标准化，以便更好地提升标准化效率、效果。同时，企业要在将情报工作常态化的基础上，丰富自身竞争行为类型以获取持续竞争优势，并根据知识创新目标的变化对竞争行为组合及时作出调整。

然而，本书是对知识创新驱动下企业标准竞争情报行为进行系统研究的初步尝试，仍存在一定的不足。首先，标准化作为一个复杂的知识系统工程，其嵌入的知识情境是未来研究应该关注的方面；其次，本书仅对标准竞争情报行为产生的知识驱动机制进行了分析，没有详尽叙述每种竞争行为的具体策略，在后续研究中应提出具有操作性的行动措施，更好地实现标准化的知识创新目标；最后，本书的研究旨在提供合理的理论分析框架，未来将采取案例分析、问卷调查等实证研究方法进一步对其加以验证。

协同视角下标准情报的
生成机制

数据智能驱动时代，标准情报作为经济社会高质量发展的核心资源，是否能够洞察复杂多样的数据价值、促进其转化为标准情报，已成为提升标准化工作质量效益的重要落脚点（张艳等，2021）。因此，面临日趋激烈的竞争态势，组织所处的生产经营环境愈加复杂多变，加上各种不确定因素持续进发，企业需要通过标准的稳定性消除环境风险，而借助标准情报可为标准化战略决策提供支持和参考（Oraee et al.，2020）。情报制胜，新形势下技术基础的进步逐渐改变了传统的情报工作范式，对其广度和深度提出了更高要求。然而，围绕数据价值的挖掘利用仍显不足，信息和知识资源供需匹配的精准度也有待提升，这必然致使面向标准的情报需求与标准化实践出现脱节。随着用于决策服务的情报要素日益丰富，相互协同便成为提升标准情报工作效能的关键着力点（郭骓等，2021）。

事实上，标准情报生成是与数据、信息和知识紧密相关的活动，情报的搜集和利用要求各要素间实现高效集成与协同，以便达成由数据到信息到知识再到情报的衔接转化过程。其中，该动态过程既是标准情报的广泛获取过程，又是标准情报的研判应用过程。虽然这不能够彻底根除环境风险因素，但可凭借协同效应整合和优化系统要素配置结构，进而为企业自身的可持续发展赋能。追本溯源，企业核心竞争优势的提升取决于标准情报的生成效能，其实质是通过标准情报系统的跃迁式演化来构建完整的协同标准体系。标准情报是现代社会应用最为广泛、利用率最高的情报信息之一，但多集中分析标准情报的重要性，探讨标准情报转化生成的作用机制、条件和方式的研究成果较为缺乏，尚未完全厘清"数据—信息—知识—情报"间的逻辑关系及其转化路径，进而无法充分发挥标准情报的决策服务作用。鉴于此，本书从协同视角切入，由生命周期演化的时间维度、场域—惯习主体关系的空间维度着手，旨在剖析标准情报的生成机制，展现标准情报系统的周期延续性、主体多元性特征，为提高标准情报服务效能提供全新思路。

7.1 协同学概述

协同学思想由德国知名物理学家哈肯（1984）率先提出，旨在探究不同事物间的共性特征及其协同机制，即开放系统在外界物质、能量驱动和在子系统的相互作用下，如何以自组织的形式达成时间、空间或功能上的有序结构（王康、王晓慧，2018）。该理论认为，自然界存有众多不同时间、空间跨度的系统，尽管其结构属性千差万别，但各系统均无法脱离整个环境而独立存在，系统间实际上是相互影响、相互合作的。同时，各个系统均由若干子系统组建而成，其结构、行为和特征并不是子系统的简单加总。而且，子系统间在一定条件下也可产生协同作用，从而对系统整体发挥协同效应，使系统实现从无序到有序的状态转变。近年来，学者开始将其应用到图情领域，相关研究大多集中于资源协同配置、协同信息服务、协同信息行为和管理协同等方面，初步探讨了图书情报系统平衡稳定的具体机制（邓胜利、付婷，2018）。

尽管早期研究讨论了系统要素间的互动关系及其转化应用，但多以结果为导向，缺乏对转化过程和情境条件的深入阐释（马小琪、郝志超，2018）。郑彦宁和化柏林（2011）构建了“数据→信息→情报”的转化模型，但并未把知识纳入转化路径。因为标准情报作为数据、信息、知识和情报等要素的集合，若仅关注某一要素特质或局部演化路径，难免会割裂标准情报协同系统的整体性，无法完整刻画标准情报生成过程的全貌，所以更加清晰地界定要素间的转化关系便显得尤为必要（化柏林、郑彦宁，2012）。因此，本书依据协同学理论序化标准情报系统，整合时空协同两个层面来探究其从混沌到有序的协同转化规律，并对闪联标准这一典型案例展开剖析，以期明晰标准情报的生成条件和特征，为提供高效率的情报服务提供参考借鉴（吴玉浩等，2019）。

7.2　协同转化的时间演进过程

为从海量数据中获取有价值的情报信息、加强对标准情报的开发利用，应当深入探讨数据、信息、知识和情报之间的作用机制，以形成协同高效的标准化工作机制。事实上，伴随着标准化生命周期过程的演进，由数据到情报的转化并非一蹴而就，而是循序渐进、互为因果的协同互动过程，数据处理加工为信息，信息整合提炼为知识，知识激活分析为情报。基于此，本书从时间协同层面对标准情报系统予以分析，总结归纳其时间演化规律来明晰标准情报的生成机制。

7.2.1　协同系统要素组成

标准情报系统是由数据、信息、知识和情报等子系统组成，各子系统彼此间的协同互动是整个标准情报系统形成稳定有序结构的动因。在标准化不同演进阶段，各子系统经由序参量状态变化发生自组织演化，促使系统要素完成由低级到高级的跃迁演化，并依靠协同效应向外界输送能量，进而提供高效的标准情报服务。具体而言，数据是对客观事物的描述，涵盖其性质、状态和相互关系等方面，旨在通过数字、文字、图像、声音等物理符号予以记载，从而反映事实或观察结果；信息作为事物间联系的普遍存在形式，是事物特征和状态的反映，是按照特定方式组织加工所形成的数据集合；知识是经实践总结得到的认识和经验，是存在于人类大脑中专业化、系统化的信息集合；情报是为处理特定问题而转化为具有活化、价值化、效用化的知识，通过各种手段和方式对其进行处理分析以期服务于决策。

由此可见，尽管各子系统看似独立，其内涵实则相互交织，实际上均为可被获取利用的资源。从资源价值角度来看，数据、信息、知识和情报间形成了富有层次的金字塔结构（郭华等，2016）（见图7-1）。数据位于范围最为广泛的底层，是标准情报工作的根本。作为序列化、结构化、数字化和编码化的事实，数据正是信息的表达方式。信息是经加工处理而得到的富有逻辑意义的数据，也是数据在信息媒介中的映射，可更为深入地描述事物运动状态及其状态变化。知识是信息的一部分，是对信息进行加工、吸收、提炼和评价的结果，能够揭示事物运动状态及其状态变化的规律。情报位于范围最为狭小的顶端位置，经由知识的传递和精练而来，在运用知识针对性解决现实问题的过程中彰显出极高的服务价值。因此，随着金字塔层次结构的逐级递增，要素范畴呈现逐级递减的层次包含关系，且由数据到信息、信息到知识、知识到情报的价值不断递增，最终在要素协同转化中发挥标准情报的决策服务功能（Ackoff，1989）。

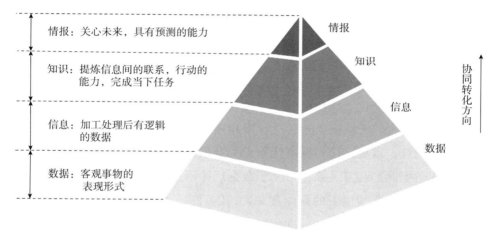

图 7-1　系统构成要素示意

资料来源：笔者整理。

7.2.2　时间演进过程分析

依据协同论，在循环往复的标准化生命周期演进过程中，标准情报实现了随时间连续跃迁的自组织演化，在子系统的相互作用下确保了标准情报服务效能的最大化。依照"数据→信息→知识→情报"的协同转化路径，使整个系统按照时间先后顺序完成由无序到有序状态的衔接过渡。其间，以释放数据生产力为起点，信息和知识是联结数据与情报的中间桥梁，最终转化为标准情报，呈现"数据信息化→信息知识化→知识情报化→情报服务化"这一环环相扣、上升递进的协同运动轨迹，具体如图7-2所示。

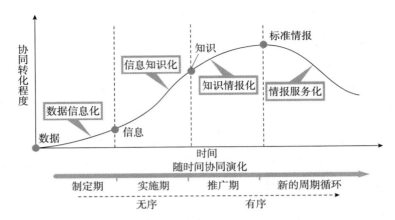

图 7-2 标准情报协同转化的时间演进过程

资料来源：笔者整理。

7.2.2.1 数据信息化

数据是对标准化工作情况的客观反映，单纯以符号为表现形式的数据并无任何现实意义，无法完整地传达标准化内容，需要通过处理加工才能发挥其价值。因此，以满足用户标准化需求为背景，借助有序化、结构化的分析加工搭建数据间的相互关系，可基于数据规律形成标准文本规范，从而为数据明确赋予标准化情境下的具体意义。具体而言，借助数据加工这一协同转化路径，组织可根据过往的标准化经验积累对数据进行判别和筛选，通过明晰数据结构、融合多源数据来加深对于数据潜在意义的认识，并就其内涵在标准文本编写过程中加以解释说明，以便充分发挥数据价值、提升数据有用性，完成由数据到信息的转化和过渡。由此可见，加工后的信息虽源于数据却更高于数据，数据信息化可将相关数据吸收整合为标准文本中的基本要素，对企业的标准化决策产生实际影响。

7.2.2.2 信息知识化

信息作为知识的载体，理解和解释信息的过程也是获取知识的过程。相较于信息，知识更加注重标准化经验，具备鲜明的可转移性和累积性。这意味着，知识是信息的精华所在。为了更好地感知、认识和改进标准性能，需要对来自国家、行业、地方及企业等不同层面的标准信息予以提炼加工，使其进一步升华为知识。这表明，在接收标准文本的信息之后，应当依据信息的相关性和有序性对其进行综合对比和整合分析，借由所得知识来准确揭示标准匹配问题的本质，进而总结得到产品开发及其工艺流程所涉及的标准知识，为企业制定、实施和推广标准提供针对性指导。事实上，尽管动荡变化的环境条件可能会加速标准更迭，使标准信息面临过时失效风险，但知识能维持在相对稳定的状态，且在标准化工作中不断经受实践检验，推动信息知识化的顺利落地。

7.2.2.3 知识情报化

标准与知识密不可分，标准正是显性知识的表现形式，意味着标准情报带有鲜明的知识属性。因此，为促使知识对提升标准竞争优势发挥促进作用，需要将标准知识进一步传播传递为情报。其中，知识向情报转化的重点便是从更深层次挖掘和吸收隐性知识价值，即在隐性知识显性化的过程中优化知识结构、调整知识状态，促使知识达到合理配置状态，从而产出富有针对性和时效性的标准情报。这种以知识为组织单元的标准化活动，可在知识输出方与知识输入方的复杂知识交流中实现增值，并通过知识创新来产出高质量的情报产品。不难发现，随着标准化进程的推进，基于知识进行关联推理有助于捕捉被隐藏的重要信息，随即生成标准情报来搭建联结分析者与决策者间的情报价值链，进而为下一阶段的情报服务奠定坚实基础。

7.2.2.4 情报服务化

随着标准化业务流程的调整改善，用户的标准需求日益个性化和动态化，仅将知识转化为情报是不够的，还需对标准情进行深入分析和挖掘，以充分发挥情报服务的决策支持功能。原因在于，从战略层面出发，在标准生命周期演进过程的各个阶段，不同场景下的标准化战略决策均需相应的情报服务提供支持。所以，为提升标准情报前瞻研判和战略决策质量，需要多方整合情报池内的标准情报资源，全面审视和把握业内标准化发展态势及未来走向，据此推理得到可操作性的技术解决方案，从而消除不确定环境下的诸多风险因素。以发现和挖掘用户深层次的标准化需求为中心，通过追求标准情报服务创新为整个系统的层次逐级演化赋能，可在动态进阶中真正发挥情报的"智囊团"和"思想库"作用，实现情报资源的多维共享。

由上述分析可知，尽管标准情报系统的各子系统间是相互紧密联系的，但任何一个层次都不可能做到绝对排他，知识通过数据和信息来精炼处理，情报以数据、信息和知识为载体进行研判分析（López-Robles et al., 2019）。任一层次的要素内容皆会包含其他部分，无法成为绝对意义上的单独实体。标准情报在实际工作中往往会同时涉及多个层次，因此应当兼顾子系统间的协同互动关系，采取行之有效的方法和手段来激活"数据→信息→知识→情报"要素间的衔接转化，使系统在适应外部环境变化的过程中完成由无序到有序的自组织演化，以确保标准情报生成的效率和效果。

7.3　协同转化的关系空间结构

在标准情报工作中，以情报交流为桥梁，企业、政府、用户、高校、标准化协会等众多主体被连接成具有特定功能的有机整体。标准情报的生成和演化，正是不同情报主体围绕系统要素相互联系和相互作用的结果，在彼此吸引、合作及协调互补中使系统产生跨组织协同效应，形成合力来满足用户的标准情报需求（Millerand and Baker, 2010）。因此，通过分析各主体共同建构社会关系空间的自组织运动过程，可有效反映标准情报系统协同演化的整体态势，明晰驱动系统动态演进的能量和动力来源。

7.3.1　协同转化场域空间的运行原理

生成标准情报无法反依赖单方面的力量，单一封闭的标准化战略决策形式也无法应对错综复杂的环境变化，互通有无、资源共享，融合来自多方主体的海量数据越发显得重要。随着时间的推移，为确保在恰当的时间生成相应标准情报来满足用户需求，以企业为代表的情报主体便逐渐开始跨越组织界限建立联系，在空间上呈现跨界融合、协同联动的情报互通趋势。由情报社会学的核心观点可知，标准情报的生成和应用离不开所处的社会条件，并会随着社会的变迁而发展。尽管各主体专业化的分工角色有所不同，但其最终目的均是在优势互补、互利共生中确保情报应用的社会效果。因此，本书引入法国社会学家布迪厄的场域—惯习思想解析主体间的协同作用关系，借助空间变量的关系思维对标准情报展开探讨，可在场域这一社会空间内明晰标准情报演变的发展规律（布迪厄、华康德，2004）。

　　标准情报工作需要了解敌我。为适应新环境和标准化战略的迫切需求，在标准情报场域的关系空间中，分处不同位置的利益相关者基于标准化经验积累就资本展开全方位合作，能否产出高质量的标准情报便取决于主体间的协同互动关系质量。通过动态调整、重塑标准化关系的空间结构来满足用户的情报需求，这一开源化、去中心化的场域空间能够充分激发情报创新动能，有助于处理和化解彼此的利益冲突及分歧，在情报主体广泛参与、相互交流的基础上达成一致共识，从而促使数据、信息、知识和情报在场域与惯习的交织中实现价值递增，避免情报失灵和信息不对称等问题的发生，保证了标准情报的利用效果和社会效益（Lowe and Tapachai，2020）。运用场域、资本和惯习等核心概念，图 7-3 展示了各主体在场域内围绕资本和惯习推动标准情报演化发展的空间组织形式及其关系网络分布。

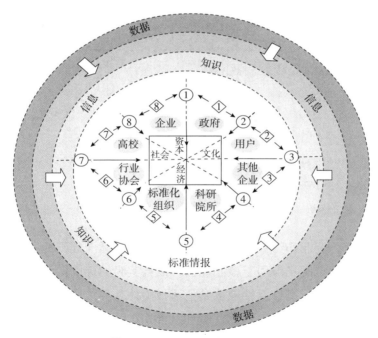

图 7-3　标准情报协同转化的空间场域

资料来源：笔者整理。

7.3.1.1　协同转化场域的主体分析

标准情报是不同主体在关系空间场域协同互动的结果，各组织在场域内所处的位置不尽相同，意味着其情报需求和情报行为会存在差异。为及时得到前沿的标准情报，异质性主体所开展的标准化活动应着眼战略决策现实需求，通过整合和共享情报池内的资源来弥补单一组织在情报结构上的缺陷，不断拓宽场域空间的边界外延以增加情报生成渠道。因此，作为开放式的多主体协同场域，对标准情报生成过程中的主体关联性加以分析很有必要，以展现关系空间有序演化的协同聚合效应。如图 7-4 所示，企业、政府、高校、科研院所及行业协会等是场域内的主要行动者，在相互配合与相互作用中共同推动着系统的发展演化，为实现既定的标准情报目标提供了有力保障。

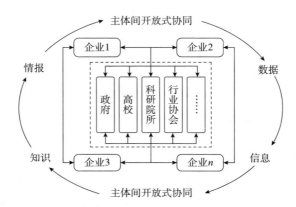

图 7-4　标准情报协同演化的多主体结构

资料来源：笔者整理。

具体而言，企业作为标准情报工作的主体，是标准规则的制定者和落实者，在协同转化空间场域居于核心地位。根据实际的标准匹配问题来描述自身的情报需求，企业可针对性地从其他情报主体处寻求资源支持；政府和行业协会通常扮演引导和协调角色，负责出台相应的政策方针规制场域内的标准化活动秩序，并对所生成的标准情报质量进行监管；高校和科研院所则给予智力、教育和技术助力，并通过反馈交流协调主体间的资源流动，为创造新的标准情报供给和需求打破知识壁垒；此外，其他组织机构也可能是情报协同转化场域的重要参与者，如标准情报服务机构便承担着情报服务实施的重要职能，可提高企业标准化战略决策的科学性及合理性。由此，通过场域内主体间复杂的非线性作用完成了标准情报的生成和转化，并维持着整个关系系统的结构稳定性。

7.3.1.2　协同转化场域的资本分析

标准情报的生成过程具有累积性，在分析主体间协同互动关系时，还需利用资本观念来审视场域内的资本积累和再生产效应，对其功能特性予以分析。追本溯源，标准情报场域是由社会、经济和文化等不同资本要素构成的社会关系空间，基于资本的利益交换是主体间协同合作的出发点。由于资本在场域内的分布并非全然均匀，占据不同位置的情报主体凭借标准化经验来争夺和积累相应资本，并在资本的融合转化中挖掘自身潜在的情报生产能力，以争取更多战略决策权。同时，资本利用和再生产也影响和塑造着场域结构，使情报主体间的标准化互动更为活跃，从而不断拓宽场域空间和场域半径，引入的新资本可不断为场域注入活力。

由此可见，标准情报的协同演化依靠场域内的资本变迁得以维系，资本力量制衡是生成标准情报的先决条件。一方面，标准情报场域内的资本存量越大，所催生的标准情报价值链效益也就越可观。在资本作用下，嵌入标准化工作的情报吸收与扩散的速度显著加快，这有利于形成合理有序的场域秩序和规则，并可优化场域内的资源结构及分布状态，使整个场域保持较高的稳定性。另一方面，场域内所累积的资本质量越高，就越能够调动情报主体的参与积极性。借助一定的链接渠道，主体所占据的位置也可得到改善，围绕数据、信息、知识和情报的互动对接也会愈加精准，利益相关者间就标准制定达成共识，这促使标准情报场域空间的影响力不断扩大，标准情报生成演化的效率也随之提升。

7.3.1.3　协同转化场域的惯习分析

每个场域皆具有特定惯习，标准情报场域也不例外。惯习作为主体稳定持久的、可转移的禀性系统，可将过去与现在的标准化经验相联结。既往经验为情报主体的标准化实践提供指引，并在实践中被加以反复验证和再生产，在此过程中现时经验也可得到修正和重构。这表明，惯习具有鲜明的建构性和创新性（Delva et al.，2021）。主体可根据惯习采取相应的情报行为模式，以此在场域空间内动态调节与其他利益相关者间的关系，发挥主观能动性来适应并确立与标准情报场域相一致的行为策略和关系状态。由此，标准情报场域塑造着惯习，而强化惯习也有助于进一步改善场域功能，促使标准情报朝着满足实践需求的方向生成演化（Lindell，2015）。

面对数据智能驱动时代的大变革，标准情报场域的碎片化、分散化特征愈加突出，众多外部力量趋向经由关系空间网络介入标准情报生成过程，以期改造和重构传统惯习以降低环境不确定性。一方面，就惯习的结构性功能而言，情报主体在场域内会逐渐形成标准情报生成模式的前提设定。该设定经由惯习使主体的资源状态和行为逻辑外化于情报场域，并在特定的标准化情境中自发地认可情报场域规则，使情报场域结构体系更为明晰化、具体化，从而形成合力以生产高质量的标准情报。另一方面，针对惯习的建构性功能，情报生成惯习会促进情报场域的构建。各主体在日常标准化工作中持续累积实践经验，深入捕捉和洞悉标准化发展趋势，由此不断强化或调整自身惯习，对情报场域予以反思和重构。

7.3.2 协同转化场域空间的组织过程

布迪厄和华康德（2004）认为，实践是场域、资本和惯习共同作用的产物。相应地，标准情报生成便是情报主体在特定场域内凭借所持有的资本，并在惯习牵引下为调节自身位置及获取特定资本而采取的能动性实践活动。具体而言，标准情报场域为数据、信息、知识和情报间的转化衔接提供了特定空间，而作为联结资本与场域的惯习为主体的标准化实践提供行为准则，资本则是生产标准情报的动力源泉。因此，场域、资本与惯习间的相互作用使生成高质量的标准情报成为可能（Laberge，2010）。如图7-5所示，加入标准情报场域的不同组织和个体都秉持特定目标，凭借情报场域内的资本积累和惯习养成为标准情报演进提供有力支持，而标准情报生成目标的实现又为情报场域内的资本积累和惯习养成提供资源沃土和成长空间。事实上，标准情报的目标便是生成可采取行动的情报。以情报需求为导向，情报主体密切关注所处环境的要素特征，并预测标准未来的发展态势，从而针对性地采取与场域规则及环境相匹配的行动策略，识别和捕捉潜在的业务机会。由此，标准情报场域构建与标准情报生成演化始终维系着较为稳定的互动关系，实现多源和全源的关联融合，如此循环，联结成紧密联系、不可分割的有机整体。

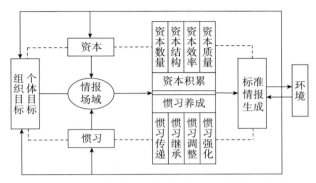

图 7-5 基于"场域－惯习"的标准情报生成过程

资料来源：笔者整理。

7.4 闪联标准情报工作实例解析

7.4.1 案例选择

为进一步明晰标准情报生成演化的作用机制，本书根植于我国标准情报工作实践，紧跟数据智能驱动时代发展趋势，选取闪联产业联盟标准进行实例验证。其作为源于中国的国际标准，是以闪联产业联盟（以下简称"闪联"）为载体来组织开展的标准情报工作。闪联发轫于 2003 年 7 月，是我国标准建设产业化发展最快、成果产出最多的标准组织。其中，闪联（IGRS）标准深耕信息设备资源共享协同服务领域，这是我国第一个"3C 协同产业技术标准"，而闪联 1.0 所涵盖的七项技术标准后也成为我国 3C 协同领域首个完整的 ISO 国际标准体系，切实填补了我国 IT 产业在 ISO 标准制定领域的空白。闪联标准的迅猛发展，与其高度重视标准情报工作密不可分。贯彻公平、开放和兼容的合作理念，闪联已与国内外众多标准组织建立了紧密的联系和合作，聚集大量优势科研院所和强势企业的情报资源，对其标准化工作产生了重要推动作用。梳理以往研究成果发现，还未有以闪联标准为研究对象的标准情报研究。回顾闪联标准发展历程，其标准情报生成路径与前文分析较为一致。因此，通过提取和总结闪联标准情报的生成规律，对我国标准化情报工作具有一定的理论指导意义和实践应用价值。

7.4.2 闪联标准情报的时间协同

闪联标准从准备研制到落地实施历经 10 余年，坚持有效整合联盟资源、采撷和利用标准情报来参与产业竞争，是闪联矢志不渝的追求。为构建面向未来的标准情报网络，培育资源共享、价值整合的联盟共同体，闪联围绕完整的标准化生命周期进程不断提升其情报能力，从标准研制、标准运作试点、标准技术研发、标准产业化等各个方面来洞悉国内外 3C 产业发展态势、了解相关标准情报的最新动态。

就时间协同系统要素而言，业界以往普遍采用相对独立的系统来简单共享外界情报数据，其功能发挥十分有限，难以满足移动互联网和智能终端市场快速发展的情报需求。在新形势下，为了避免"信息孤岛"、重复和交叉研发所带来的情报资源浪费，闪联统筹规划其情报流程，注重从智慧教育、智能家居、智能音频、智能家电等不同领域整合各方资源。在闪联标准情报所绘制的战略蓝图里，数据、信息、知识与情报浑然一体。为此，闪联推出"普适计算软硬件关键技术与应用"项目，基于云计算、物联网等基础性技术的普适计算平台，跨越了不同嵌入式系统的限制，将互联互通的终端设备数据整合为前后台应用服务信息，进而概括为适用于各种终端内容、应用及服务的知识，使不同设备间的数据、信息与知识形成协同联动态势，由此设定了闪联标准情报生成的基本方向，最终生成以智能互联、资源共享、协同服务为关键特征的闪联标准情报。同时，闪联还设立信息产业协会和信息技术工程中心来推动设备数据、信息资源、知识产权和标准情报间的紧密对接，以此推动标准发展进而获取利益，实现情报的良性循环，闪联标准的产业化情报生态体系已然成形。

针对其时间演进过程，随着科技的高速发展，新产品和应用逐步走向成熟，用户在使用智能物联网设备时也催生了一些新的标准需求，促使现有的闪联标准情报体系增加和补充新的数据、信息和知识，随之完成新一轮时间协同进程的演化，以支持更安全可靠且具有多样性的产品、应用和服务类型。

这充分契合了当前市场需求，可进一步促进 3C 产业发展，推动传统信息终端的调整与升级，孕育出闪联标准情报新型服务业态和巨大的市场空间。遵循"技术专利化、专利标准化、标准产业化"的战略方针，通过打造与标准相配套的情报生成体系，闪联标准不仅在国内保持标准制定的前瞻性，还能精准把握行业走向和国际趋势。闪联已成功注册"闪联"商标，发布各项标准近50 项，推出联盟产品 1000 余种，展现出强大的标准情报创新实力。由此可见，闪联作为 3C 协同标准，其最大的特征是将众多领域内的数据、信息和知识相联结，从技术和市场的需求出发，不断推动标准情报的融合和升级，使闪联标准的制定和实施极具灵活性和创新性，才能在技术、产业、产品及体制等领域成果频出。

7.4.3 闪联标准情报的空间协同

互联互通的标准情报无法被某家企业垄断，闪联致力于激励成员就标准情报进行协同推广，以此来联合发布技术解决方案，合理应对品牌产品间的关联性问题。面临标准背后激烈的利益争夺，仅追求标准制定并非闪联的核心目标，更重要的是在研判利用标准情报的基础上应用和推广标准，形成高效的标准化经验积累，从而捕捉情报契机来获取竞争优势。

围绕协同转化场域空间的组织形式，在 3C 产业融合发展机遇下，闪联作为一个关系纽带，将隶属家庭、办公、个人移动等不同领域的各方成员集结在标准情报场域，共同制定标准来建立完备合理的情报体系，带动联盟成员实现群体突破，并使每个成员皆可按照情报价值链在场域内找到自身定位，通过主体协同显著提升了现有标准间的互操作性和易用性。具体而言，在场域内部层面，闪联标准工作组下设策略联盟组、技术组、知识产权组、认证组及市场组等不同组织机构，联盟成员分为核心会员、推广会员、普通会员和观察会员等类型，使各主体在自身最为擅长的领域参与闪联标准情报工作，凭借组织结构创新体现标准情报真正的服务价值；在场域外部层面，通过中国北京国际科技产业博览会、亚洲家庭网络标准委员会、美国 CES 消费电子展等海内外系列大型活动，闪联注重集聚场域情报优势来凝聚情报资源，持续改进和优化标准性能，确保自身在技术方面保持领军地位。近年来，闪联这一主体开放式情报场域已陆续拓宽到日韩及欧美等国家和地区的一些国际知名企业，搭建了广泛的标准情报主体协同互动网络，促使闪联在亚洲乃至全球的影响力不断提升，"中国硅谷"的品牌形象也早已深入人心。

从协同转化场域空间的组织过程来看，聚焦于闪联标准产业化这一核心目标，为避免联盟成员间的利益牵绊影响场域内的关系状态，闪联在标准情报工作中尽可能兼顾各方利益，致力于打造安全可信平台和构建标准化组织运营的场域新业态。在资本积累方面，作为一个开放的平台，闪联不设门槛。而且，闪联每年均会在 ISO/IEC 大会汇报标准相关的技术提案，赢得 ISO/IEC 众多专家的认可支持并通过国际决议批准立项，这对于扩大闪联标准情报影响力而言意义深远，可吸引更多成员加入场域来参与闪联标准的制定工作，将其进一步凝结为生成闪联标准情报的强大资本力量。在惯习养成方面，闪联确立了会员级别、多样化许可条例及组织治理等场域规则，建立了一整套公开、透明的自律化情报场域运行机制，突破了主体间的组织界限隔阂，以期在最大限度上调动情报协同效应的发挥。此举为一些企业和组织的知识产权成果提供了可靠保障，专利池内所披露的技术专利数量与日俱增。而且，依赖情报成果分享机制、平台激励机制、透明化投票表决机制和争议仲裁等决策体系，在场域内构建起明晰高效的分工和协调机制，以此为契机不断创新标准情报生成模式，促进闪联情报场域的和谐健康发展。

由此可见，闪联标准情报的生成与演进是整个闪联发展的原动力，其实质是整合与协同。秉持数字 3C 情报协同理念，闪联以标准为纽带生成了大企业联合创新的情报生成模式，借助成熟领先的情报体系制定并推广闪联标准，大规模、深层次地开展闪联标准的情报工作并积极推进生成机制创新，踊跃开展标准化国际合作来抢占制高点，这便是闪联模式的成功秘诀。在加速推进标准国际化的进程中，闪联始终将终端数据作为标准情报生成的先决形态，并注重激发主体间的跨领域情报协同活力，顺应了标准情报的发展规律，恰好印证了建构在情报应用基础上的标准才能持续焕发生命力。其发展经验表明，情报要素时间协同是实现标准互联互通的重要抓手，多元主体空间协同是增强标准竞争力的有效路径，这为闪联标准的规模化应用奠定了坚实的市场基础。

　　总体而言，要素融合化、交互主体化、决策复杂化深刻改变着传统的标准情报工作理念，并对情报服务模式的创新发展提出全新挑战。从协同视角探明标准情报的生成逻辑和演进规律，探索标准情报为标准化决策赋能的现实路径，这不仅是把握我国标准化变革新机遇的战略选择，还是加快推进现代化标准体系建设的题中之义。本章在梳理标准情报相关研究成果的基础上，阐述了协同学理论引入标准化情境的合理性，从时间协同与空间协同两个层面入手，依次对标准情报的时间演进过程和空间结构予以分析，并结合闪联标准予以实例验证，深度阐释了标准情报的生成机制，以期提升新形势下标准化发展的质量效益。本章主要得到以下结论。

　　从时间协同层面来看，标准情报的生成过程即数据、信息、知识和情报等客体要素相衔接的协同转化过程，且呈现"数据信息化→信息知识化→知识情报化→情报服务化"的生命周期发展轨迹。随着标准制定、实施和推广的阶段性演进，在该时间协同跃迁的动态变化过程中，各要素彼此间相互关联、相互作用，促使标准情报系统完成了序变式转化，实现由暂时有序到无序的过渡，再上升至更高层次有序的循环，由此确保了标准情报的生成质量，并有助于实现标准情报价值链的最优化。

　　从空间协同层面来看，标准情报的生成过程，也是诸多利益相关者围绕资本和惯习的主体间协同互动过程。由于标准情报具有鲜明的多元、多源性，单个情报主体在提供情报要素时难免产生局限性。通过建构多元协同的社会关系空间，群策群力来融合场域内多元化主体所持有的各类信息和知识资源，恰好为标准情报生成创造了有利条件。这不仅为标准情报系统的自组织演进提供了强大的动力来源，还可使其在协同进程中始终保持高效运转，进而提升标准情报生成的正确性和时效性。

　　同时，遵循标准情报的生成性思维，有助于从系统的角度深入理解标准情报工作全貌，以此为打造多元协同、联动增效的情报服务策略提供参考。

　　从情报要素层面来看，以支持标准化决策为导向，标准情报系统是由数据、信息、知识和情报等要素相互联结构成的统一体，彼此相互联系、相互依存。因此，面临错综复杂的环境条件变化，为实现标准情报的价值链延伸，应当整合上下游资源，在更大范围内实现情报要素的互联共享，不断拓宽标准情报生成渠道。同时，为满足日趋个性化、定制化和智能化的标准化需求，还应发挥人工智能、大数据等技术手段的支撑作用，提高标准情报的生成效率，解放数据生产力并不断丰富情报应用场景，借此推动情报转化利用和决策服务的高效衔接。

从主体互动层面来看，为充分释放情报主体的标准化活力，需要建立市场驱动、政府引导、企业为主、社会参与、开放融合的标准情报协同工作格局，就标准化持续深化主体间的全方位合作，这是实现标准化目标的重要路径。以打造高质量的标准情报体系为目标，构建有效的监管机制用于监督主体的情报行为，可以规范标准情报的生成秩序，在协调与配合的良性互动中提升自身情报能力。基于主体间的优势互补、互惠互利，可最大限度发挥标准情报的整体优势。

从战略实施层面来看，立足新发展阶段，标准情报活动强调以战略为导向，整合标准情报和标准化战略可为企业创造独特的竞争优势。在协同理念的指引下，企业的标准化战略决策需要密切关注标准情报动向，并对外部环境、竞争对手及自身的实际情况作出合理定位，保有积极应对不确定性因素的动态适应能力。以标准情报引导标准化实践，通过分析特定的标准匹配问题，基于标准化经验积累提出相应的技术整体性解决方案，可增强标准的实施应用效果，为企业的可持续发展提供有力支撑。

以国家安全为旨向的标准情报服务创新

随着全球科技竞争加剧，新场景新需求不断涌现，国际政治竞争范式开始由地缘政治向技术政治演变，标准与知识产权、产业发展和贸易制度的联系日益紧密，极大影响着国际经济乃至政治安全格局，逐渐成为大国间博弈的新焦点（毛昊、柏杨，2024）。诸多发达国家趋向将标准化上升至战略层面，甚至动用外交、政治、经济和援助等手段，扶持推动本国先进技术与标准转化为国际标准，借此抢占未来竞争的制高点（成琼文等，2023）。例如，在生成式 AI 技术呈爆发式增长之时，美国便先下手为强，牵头成立人工智能安全研究所联盟（AISIC），以此抢占 AI 规则规制主导权，锚定其他国家展开排他性战略竞争，对我国参与人工智能安全规则制定的全球治理带来极大威胁与挑战。

追本溯源，标准守护安全、标准引领发展。标准不仅是推进高质量发展的重要支撑，还是实现高水平安全的关键抓手。全球尚处于信息经济与数字经济的更迭期，新的经济模式与产业格局均未定型，现有体系、规则、框架、标准也面临颠覆和再造，致使国家安全形势的不稳定性和不确定性凸显。时代风口与国家战略叠加，我国国家安全的内涵外延、领域范畴、内外因素皆发生了深度变革，面临的非对称性、突发性、多变性威胁显著增加，安全需求的整体性、战略性、多维性特征也更为突出（李淑华、滕学为，2024）。秉持创新思维，顺势打造以国家安全为旨向的标准情报服务体系，使其承担为国家安全和技术行动提供情报保障的使命任务，以确保发展与安全深度融合，可为我国参与国际标准竞争获取信息优势、决策优势和行动优势予以有力臂助，恰好为重塑以标准为基石的国际安全秩序提供了破题之策。与时代共进、与形势同行，部分学者开始关注到标准对国家安全与发展的引领作用，且突出了情报服务的决策支持功能，但并未聚焦于特定的标准情报情境，且相关研究仅停留在经济与科技发展领域，远远滞后于富有活力的国家安全情报工作实践（李品等，2020）。随着标准争夺愈演愈烈、国家安全环境渐趋复杂，情报服务的对象、内容、手段及模式不断发生新变化，以往理论体系是否适用于当前我国安全需求下的研究和应用还无从得知，亟待进一步深化和拓展。

这表明，标准情报作为服务国家安全决策的智囊，在日益激烈的国际竞争态势下会肩负更为重要的使命，推动标准情报工作已成为国家安全的一个基本工具。以国家安全的战略需求为指引，标准情报应真正服务于国家和组织的重大利益，前瞻研判安全发展大势和突破方向，为国家安全政策和战略制定给予准确无误的标准信息依据。因此，立足总体国家安全观的研究出发点，本书围绕变局下国家安全形势的新特点、新趋势，试图从理论层面廓清标准情报服务对维护国家安全的作用逻辑、践行路径及保障策略，进一步推动标准情报在国家安全领域内的话语体系建构，变革创新兼具战略性、前瞻性、竞争性和全局性的标准情报事业，进而为全面强化高水平安全贡献标准力量。

8.1　研究概述

8.1.1　国家安全与标准工作

国家安全是国家生存和发展的重要基石，标准作为规范和指导各项活动的准则，对保障国家安全的意义不言而喻。随着全球化的深入发展和科技的快速进步，国家安全所面临的威胁越发繁杂，标准工作在应对这些威胁中的作用也日益突出。从学术界相关研究来看：一方面，多集中分析标准工作对于国家安全的重要性，如肖海军和李茜（2023）指出，以总体国家安全观为指引，国家安全审查标准制度能够保障国家安全利益的实现，如胡吉明和梁孟华（2022）认为，标准是保障国家安全的重要环节，并从基础标准、数据标准、安全标准、管理标准、技术标准和应用领域标准方面构建了我国网络化信息服务标准体系。另一方面，主要探讨了标准在国家安全领域的具体应用，如 Liao 等（2024）统筹科学数据的开放和安全，强调需进一步优化和完善科学数据安全的标准规范，以确保科学数据安全、科技安全、产业安全乃至国家安全；Fujs 和 Bernik（2022）强调安全需求是现代信息系统的重要组成部分，而信息安全和其他知识库领域的标准有助于理解安全需求。总体而言，国家安全与标准工作之间的关系已受到学术界的广泛关注，可借此为进一步加强国家安全保障提供参考。

8.1.2　国家安全与情报服务

情报服务在国家安全与发展中的作用得到了学术界的普遍认可，对情报的决策支持效用也已达成共识（李品等，2020）。近年来，相关研究关注点主要从两个层面展开：一是围绕国家安全与情报服务的关联，如 Briggs 等（2022）认为情报是国家安全的关键支撑，准确及时的情报能够帮助国家提前洞察潜在威胁，对国家的生存和发展至关重要；西桂权等（2023）证实了情报服务对安全工作的保障作用，强调应构建支撑国家战略的情报力量。二是针对情报服务对国家安全的作用与贡献，如陈海贝和赵湘莲（2022）立足应急管理领域构建绿色金融安全情报服务体系，推动情报服务助力绿色金融安全管理；Wilson 等（2022）分析了预警情报对解决卫生安全危机的作用，有助于提高应急响应效率、降低工作复杂性。近年来，随着国家安全情报服务的研究范式与内容发生变化，产出锚定服务时代发展、响应决策需求、洞悉未来趋势的情报产品，使其深度服务于国家战略需求，成为未来发展的主要目标（何洪吉，2024）。然而，标准情报服务作为企业市场拓展、行业技术变革、地方管理规范、国家经济提振的重要支撑，标准情报服务的理论研究尚显不足（彭国超等，2022），国家安全视域下聚焦于标准情报服务的研究成果鲜有问津，围绕服务体系创新的探索尚未形成整合性理论框架，维护国家安全的逻辑路径也知之甚少。事实上，国家安全与情报服务密切相关，情报服务在维护国家安全中发挥着重要支撑和引领作用，且不同类型的情报服务各有其特点和贡献，因而未来有必要拓延国家安全范畴内的标准情报服务研究。

因此，紧跟国家安全战略需要，本书针对"标准情报服务创新提升国家安全水平"这一焦点议题展开研究，旨在搭建标准情报服务赋能国家安全发展的整体分析框架，在明晰其理论逻辑及现实路径的基础上，探讨适用于我国安全环境变化和特点的标准情报服务创新策略，进而提升标准情报服务的安全适应性，为维护国家安全大局筑牢标准屏障。

8.2 以国家安全为旨向的标准情报服务

8.2.1 国家战略背景下标准情报服务的创新动因

以国家安全为旨向的标准情报服务属于国家战略层次的情报服务，对国家安全起到重要的塑造和维护作用。在我国大力推进标准强国、创新驱动等系列国家战略，标准成为加速推动高质量发展战略支撑的背景下，标准情报服务与国家战略的联系不断加深（李星煜，2023）。风云变幻的局势下，标准博弈态势日益激烈，标准情报服务被赋予了新特征，也催生了服务对象和模式的新变化，标准情报服务工作亟须转型。因此，面临新环境和新任务，充分挖掘标准情报服务的创新动因（见图8-1），能够丰富标准情报服务的科学内涵，更好地发挥标准质量效应来统筹发展与安全、助推系列国家战略落地实施，促使标准情报服务工作与国家安全领域的标准情报需求更为匹配，在战略层面履行"耳目、尖兵、参谋＋引领"的使命，在保障国家安全的同时助力我国标准提质增效再升级（吴晨生、刘如，2020；陈美华等，2023）。

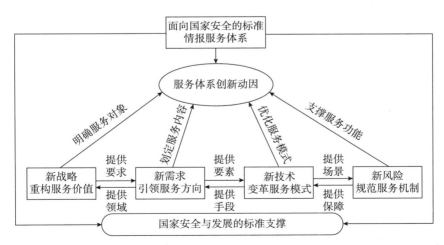

图 8-1　国家战略背景下标准情报服务的创新动因分析

资料来源：笔者整理。

8.2.1.1 新战略重构标准情报服务价值

标准情报服务以服务国家安全现实为对象，需紧扣党和国家的战略布局，立足国家战略安全态势（李纲等，2021）。标准在服务国家战略和引领经济社会发展方面扮演着重要角色，而一系列国家战略部署和标准化改革的蓬勃发展，既为标准情报服务带来了新机遇，又提出了新任务和新要求。无论是标准强国建设，还是团体标准建设与创新驱动战略，抑或是质量强国建设与知识产权强国战略，皆促使标准情报服务产生大量转型需求和有待破解的瓶颈桎梏，因而必须持续深化标准情报服务研究，创新情报服务理论方法和应用体系，以便为国家战略部署实施和国家标准竞争能力提升给予理论支撑和决策依据。标准情报服务通过对国内外先进标准的研究和分析，为国家制定具有前瞻性和竞争力的标准体系提供智力支持。通过对标准技术参数、市场应用趋势等情报的收集和整理，有助于国家在关键领域占据标准制高点，提升国家在全球产业竞争中的话语权。

8.2.1.2 新需求引领标准情报服务方向

标准情报服务以对国家安全作出价值判断、探寻合理的国家安全战略为旨归，应精准把握标准情报现实需求，持续丰富情报服务业态。深入了解企业在生产经营、技术创新等方面对标准的现实需求，与科研机构交流以掌握前沿研究领域对标准规范的期望，并与政府部门沟通明确政策导向下的标准需求重点。同时，紧跟数字化转型大势，标准情报服务将更加智能化、个性化和多元化。在工业时代，标准制定主要围绕传统制造业的产品规格、生产流程等方面展开；而在数字时代，人工智能、大数据、物联网等新兴技术成为经济发展的核心驱动力，标准的制定重点也逐渐向这些领域转移。因此，应积极捕捉数字经济等前沿领域的标准化需求，推动未来标准由文本形式向机器可读形式转变，优化标准化活动中的开源解决方案。此外，在联合国可持续发展目标指引下，也可为生态环保、碳达峰碳中和等具体领域内的相关标准制定提供助力，提升我国在国际标准化发展上的共识和共同利益。

8.2.1.3 新技术变革标准情报服务模式

标准情报服务处于个性化、智慧化、多元化的模式变革期，应积极发挥数字技术优势，不断提升情报服务质效（廉睿等，2023）。随着自然语言处理、知识图谱、本体论、机器学习、大语言模型、数理逻辑等理论和技术的应用更加普遍，标准情报服务内容日渐丰富。紧跟时代步伐，标准情报服务已不仅限于简单的查询、浏览、检索，还需与实际产业及具体设备密切融合，提供标准解读、标准对比分析、标准应用案例分享等增值服务。在数字技术和数据要素双轮驱动下，经由新流程架构研究以数据、模型、程序、软件工具等为重点的新标准形态，实现对海量标准数据的收集、存储、分析和应用，捕捉标准的发展规律和需求趋势，做到对标准需求的精准把握和高效适配，最大限度满足政府、行业及企业的关注要点，支撑行业标准情报的宏观统筹和具体应用，使标准情报服务的全流程管理水平得以提升。

8.2.1.4 新风险规范标准情报服务机制

标准情报服务的主要支撑功能在于为国家安全提供坚强保障，应注重防范化解风险，打造安全发展长效机制。在全球"标准战"白热化的今天，以美国为首的发达国家纷纷开展标准化战略活动，将标准化活动从以企业、国家为主转向以主导参与国际标准化为重点，以此获取竞争优势、制约竞争对手。面对国内国际新形势新任务，我国标准情报服务工作还面临诸多问题和挑战，如标准情报服务机制尚需优化、标准情报供给仍无法完全满足经济社会发展需要、标准的实施应用还不够完善、在国际标准竞争中的影响力有待提升等，若无法及时、准确地为国家决策提供关键领域的标准情报，则可能导致国家在制定产业政策、科技战略等重大决策时出现偏差，进而威胁国家安全，故迫切需要加强标准情报服务工作顶层设计，纵深推进标准化战略擘画。

8.2.2 国家安全视域下标准情报服务创新的内涵特征

随着国家安全的内涵和外延越发多元、时空领域更为宽广、内外因素更加复杂（Alguliyev et al., 2021），加快标准情报服务的转型创新步伐已是大势所趋。为对新时代国家安全背景下的标准情报服务创新作出清晰界定，厘清两者间的内在关联，本书对国家安全的要素构成体系予以分解，并阐述与不同要素相匹配的标准情报服务重点，具体如表8-1所示。

表 8-1　标准情报服务与国家安全体系的匹配关系

安全体系	具体阐释	服务重点
国家安全环境	我国所处的国际、国内安全局势，包括与国家安全密切相关的政治、经济、军事、文化等环境	发挥先导功能，感知、预测并响应国家安全形势新变化新特点，在复杂多变的安全和发展环境中为标准竞争指明可行路径
国家安全理念	通过研判安全环境而形成的国家安全工作理念与指导方针，涵盖系统安全、有效安全、合作安全、可持续安全等理念	深入挖掘标准情报信息，融合不同信息展开关联对比分析，为制定国家安全政策主张提供充足的情报资源支撑
国家安全内容	国家安全工作面临威胁和风险的重点领域，涉及科技安全、经济安全、社会安全、资源安全等诸多领域	准确回应国家安全关切，为相关政府部门的标准化战略规划、标准化政策法规制定和标准化治理提供决策支持
国家安全目标	基于全面评估国内外安全形势、明确国家安全工作的政策主张与重点领域，确立国家安全战略的中长期目标	在标准竞争性与对抗性的情报需求驱动下，捕捉情报工作全新增长点，从全局和战略高度为实现国家安全目标提供助力

资料来源：笔者整理。

由表 8-1 可知，国家安全是融合安全环境、安全理念、安全内容与安全目标要素的组织体系，表明标准情报服务应当以系统思维方法推进国家安全工作的总体性，在要素互动中坚持风险防范、有效处置与积极塑造的集成创新。尤其是进入战略机遇和风险挑战并存、不确定因素增多的时期，各种"黑天鹅""灰犀牛"事件频发，要求标准情报服务能够基于国家安全与发展的全局视野获取标准情报优势，调整优先重点、创新方式方法，以适应前所未有的变化和需求。也就是说，通过对标准情报功能、能力和资源进行全面整合，收集、分析和评估国内外的标准情报信息，实现决策最优化和竞争效果最大化，形成维护国家安全的情报合力，从而获得标准对抗优势，防范和打击标准竞争威胁。标准情报可准确分析国内外相关领域标准现状和趋势，为国家在产业规划、科技发展等战略决策中提供数据参考（谭晓等，2021）。例如，在新能源领域，通过对国际先进新能源标准的情报收集和分析，可助力国家制定契合产业发展需求且具有国际竞争力的政策，促进新能源产业快速发展，抢占市场先机。由此，以战略化的视角定位标准情报，通过加快标准情报先行把握全球标准竞争制高点，使标准情报真正服务于国家和组织的重大利益，为国家战略提供保障，维护好国家安全和发展利益。

因此，本书认为以国家安全为旨向的标准情报服务创新，是以大安全理念和大情报意识为指引，以服务国家战略需求为导向，优化和完善适应情报环境变化、标准竞争态势和国家安全形势的标准情报事业发展体系，围绕标准化工作发挥决策支持、反情报与安全、战略预警等功能，为国家的安全和发展提供有力保障。其具体表现出以下特征：

8.2.2.1 预测可靠性

在标准情报任务或需求未知时，标准情报服务便对具备潜在情报价值的信息源开展长期监测和全面搜集，将扫描的原始结果进行预处理加工，分析至可理解、可利用的安全状态，发现和识别情报数据间的关联交叉性，并在此基础上感知信息源的发展态势，预判感知结果的标准适用领域及其应用价值。由此，通过提供"描述现在、面向未来"的标准情报服务产品，能够给予标准化发展规划制定可信赖的依据。在新兴技术领域，如量子计算技术尚未完全普及应用，但标准情报服务已开始锚定相关领域科研进展、企业研发动态、国际研究团队及其成果等各类情报源，为未来可能出现的标准情报需求做好充分准备。

8.2.2.2 流程高效性

在复杂信息环境下，标准情报数据资源的类型、来源和内容更为复杂、规模更为庞大。以维护高水平安全为目标，利用大数据、云计算、人工智能等新一代信息技术实施情报数据收集、存储、分析等业务操作，最大化地满足政府、行业、企业等不同主体的标准关注要点。对于政府而言，可以对国家行业标准进行统筹管理，拟定科学合理的政策法规，引导行业健康发展；对于行业而言，可以了解行业标准的现状和趋势，促进标准的创新和完善，提升行业整体竞争力；对于企业而言，可以根据标准情报优化产品和服务，提高其生产效率和质量水平。通过多主体协作与服务拓展，既能发挥标准情报服务智能化在标准创新发展中的引领和支撑作用，又可储备、保护、应对和防范国际竞争而导致的安全风险问题。

8.2.2.3 开放融合性

立足标准情报业务融合发展趋势，遵循"安全可控、开放创新"的基本原则，将分散的标准情报数据进行统一管理和优化，对数据进行智能采集、清洗治理、融合分析、快速整编、多维展示等全链条情报分析。在此过程中，将标准情报数据与经济数据、科技研发数据、市场销售数据等加以融合，多维度分析标准对经济、科技和市场的影响，借此有效解决"数据孤岛"问题，全面了解全球范围内各类安全相关领域的标准动态和发展趋势，为各类用户提供更为精准、客观的情报分析、决策辅助和智库服务。由此，可以拓展安全视野、提升安全应对能力、增强安全预警机制，达到从战略到流程、从规划到实施落地的效果。

8.3 以国家安全为旨向的标准情报服务创新逻辑解析

8.3.1 国家安全与标准情报服务创新的关联逻辑

由前文内涵特征分析可知，国家安全为标准情报服务提供了创新底色，标准情报服务则是国家安全的支撑力量，两者间存在紧密的相互促进关系。一方面，国家安全的大环境和需求是推动标准情报服务持续创新发展的关键动力源和指引方向。处于传统威胁和非传统威胁因素相互交织的新时期，围绕技术先进性与优越性的标准竞争愈演愈烈，各种矛盾风险挑战源和各类矛盾风险挑战点呈现相互关联、相互影响的态势，使影响国家安全的因素呈现鲜明的复杂性、尖锐性和不确定性特征，亟须创新标准情报服务体系来应对日益严峻的技术壁垒和技术霸权，这带动标准情报服务由传统服务迈向新型服务，增强了标准支撑国家安全的体系化能力。另一方面，标准情报服务创新能够为国家安全提供更强大的保障。通过不断创新标准情报服务模式和技术手段，提高标准情报的收集、分析和利用效率，更快速、准确地应对各种国家安全威胁，更好地应对日趋复杂的安全挑战，这不仅能够提升国家安全决策的科学性、增强国家关键领域的安全保障能力，还可强化国际安全合作与竞争中的主动权，实现国家的长治久安和可持续发展。因此，基于上述分析，本书遵循总体国家安全观的核心要义（王明生，2024），以国家安全与标准情报服务创新的互融互促为出发点，将国家安全体系分为传统安全和非传统安全两个维度，刻画传统标准情报服务与新型标准情报服务的协同转化过程，并关注了数据资源与技术方法在其中起到的催化作用，整体揭示国家安全与标准情报服务之间的关联逻辑，具体如图 8-2 所示。

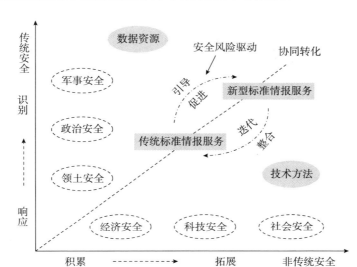

图 8-2   国家安全与标准情报服务的整体关联

资料来源：笔者整理。

8.3.1.1   安全底座

非传统安全与传统安全交织互构，安全体系联动效应显著增强。新一轮科技革命和产业变革蓄势待发，部分重大颠覆性技术创新正在创造新产业新业态，标准权力争夺、垄断壁垒等非传统安全问题频发，标准情报工作亟须应用新理念、新思路和新方法，实现标准情报服务的创造性转化与创新性延伸。与安全体系进一步深化的中国同行，随着国家安全构成要素不断增加，国家安全的多维度要求促使标准情报服务必须不断拓展和深化其业务领域。为抢抓我国发展的重要战略机遇期，标准情报服务必须牢牢把握新形势下国家安全的新需求、新期盼，与时俱进、开放创新，不断提升和完善服务功能，统筹协调不同领域内的安全问题，及时了解掌握国际标准化动态，才能更好地为参与国际标准化工作提供精准参考和服务。以政治安全为例，标准情报服务需关注国际政治格局变化对各类标准制定和实施的潜在影响，以及如何通过情报收集和分析来保障国家在国际标准话语权竞争中的优势地位。

8.3.1.2 链接机制

传统服务向新型服务过渡转化，安全体系融合效应得以激发。在外界安全风险驱动下，标准情报范畴的动态性和开放性特征愈加突出，而基于服务业态变革的协同转化机制恰好确保了二者之间的衔接转换。在传统模式下，标准情报服务侧重对军事、政治、外交等领域内各类已有标准文件、政策法规进行收集和整理。这种传统服务模式多为被动的响应式服务，只有当相关部门提出需求时，才会进行情报的搜集和提供，且情报的分析仅仅是对表面数据的简单整理，难以挖掘出情报背后的深层次关联和潜在安全风险。在协同转化过程中，经由引导、促进、迭代和整合等作用机制颠覆性改变了传统的标准情报服务模式，通过构建纵向畅通、横向联通、高度集中、反应敏捷、运转高效的网状联结，横向衔接、内外结合、点面互动的新型标准情报服务模式，满足了不同层次、不同业务对标准情报研判的应用需求，使标准情报流通过程、情报系统保持最佳状态。由此，实现对安全风险的识别与评估、管理与控制、监测与预警，确保了标准情报工作朝着"服务配置最优、资源消耗最低、服务效益最大"的发展方向稳步前进。

8.3.1.3 数智应用

数据资源与数字技术双向赋能，安全体系保障效应充分盘活。深刻洞察数智时代下的标准化战略变革，安全风险形势呈现快迭代、高智能、全覆盖的新格局，我国仍面临重点领域核心技术受制于人、原始创新能力不足等问题。为实现总体国家安全，需将资源、技术与安全领域相互融合。一方面，通过全面搜集标准情报数据构建安全基础，随之进行深度数据分析提升安全防范能力，并经由数据共享促进安全协同合作；另一方面，采用先进监测技术保障国家安全，使用加密技术维护信息安全，并利用人工智能与机器学习协助情报分析。由此，聚焦标准情报数据资源供给、流通交易、分析使用等重点活动及典型场景，借助包含多个领域、多种前沿技术的复杂系统性技术，将大规模态势数据转化为标准竞争所需情报，从而在未来的国际竞争中掌握主动权，维持了标准情报服务的稳定运转，达成安全风险管控与服务效能优化的目标。

由此可见，建立在国家安全基础上的标准情报服务创新，是以安全底座为基石、以链接机制为枢纽、以数智应用为抓手的演变过程，在传承与拓延、积累与沉淀、调整与重构、变革与转型中确保了国家安全效果的可持续性。为应对新时期国际安全环境动态变化所带来的发展机遇与系统性风险，在标准话语权争夺中占据有利地位，需以标准情报服务创新为引擎，即以国际化的眼光布局标准、以数智化的手段管理信息、以战略化的视角定位情报，从而实现对国家安全更高水准、更具前瞻性的守护。

8.3.2 基于供需适配的标准情报服务创新机制

标准化实质上是循环的周期性演化进程，主要涵盖标准开发、制定、实施及推广等阶段，且贯穿整个国家安全工作大局。不同国家安全体系要素所持有的标准情报需求不尽相同，这就要求标准情报服务的工作流程与此匹配，以打破国家安全与标准活动间的信息壁垒，达到供需双方精准对接、高效匹配的理想状态。因此，本书从供需理论角度入手（白如江等，2024），刻画标准情报服务与国家安全的协同互动过程。具体而言，在标准情报服务供给侧，标准情报历经搜集与更新、加工与处理、分析与研判、应用与反馈四个流程环节。在国家安全需求侧，国家安全的环境、理念、内容及目标等要素环环相扣、相互依存，融为一个有机整体。以数据流、信息流、知识流和智慧流四条链路为线索，实现服务供给侧和安全需求侧的数据汇合与匹配（见图 8-3）。

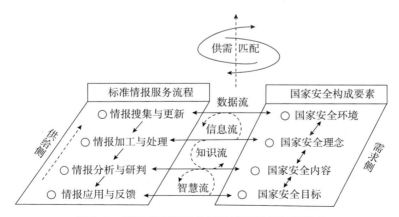

图 8-3 基于供需适配的标准情报服务创新范式

资料来源：笔者整理。

进一步地，通过研究国家安全标准情报工作各个环节及要素的工作，能够明晰各阶段标准情报服务赋能国家安全要素的重点内容，揭示标准情报服务在国家安全中的特定要素场景创新型应用，突出国家安全工作的全程性、整合性和协调性。

8.3.2.1 国家安全环境——情报搜集与更新

百年未有之大变局以前所未有的方式加速演进，世界在乱象丛生和险象环生中进入新的动荡变革期，国际标准竞争已然来到新的十字路口。由于个别国家泛化国家安全，将标准规则政治化、武器化，筑起的"小院高墙"推动着标准格局持续分化重组。为了应对狂风恶浪乃至惊涛骇浪的考验、赢得标准化战略主动权，需不断进行情报数据搜集与更新。也就是说，根据安全需求多层次、多渠道整合碎片化的标准情报数据，借此密切跟踪标准动态变化，有针对性地对竞争对手和行业周边展开监测评估，洞察其标准结构、设施布局、意图动向、未来计划及能力优势，以便在不确定性中寻找确定性，为获取竞争优势、制约竞争对手奠定基础。

8.3.2.2 国家安全理念——情报加工与处理

国家安全理念作为国家安全状态的反映，包含着国家安全工作的价值理念、工作思路和机制途径，既是对国家安全客观现实的价值评价，也是对国家安全状态发展的预测和期望。为对国家安全工作的战略部署形成有效支撑，需进一步将标准情报数据去粗取精、去伪存真，实现从单点数据到全局数据、从数据到信息的转变，填补标准情报信息搜集与分析间的鸿沟。经由加工与处理将不同来源的情报数据加以整合，从所积累的大规模数据中捕捉其内在关联和趋势，并转换为可供各级决策人员、情报分析人员及其他用户使用的信息，依靠更全面精准的情报图像来赋予深度洞察力，搭建起标准情报信息向高效情报产品转化的桥梁，实现不同安全场景的标准情报价值赋能（马海群、满振良，2023）。

8.3.2.3 国家安全内容——情报分析与研判

分析研判是标准情报信息处理过程中形成情报产品的关键阶段，也是标准情报价值挖掘的核心环节，其主要任务是根据情报信息来源分析确定其真伪性、厘清情报信息前因后果、判断其意图、影响及发展趋势等，即依据已开展的标准化活动推测未来可能发生的情况，实现从单领域到跨领域信息、从信息到知识的归纳。随着国家高层次安全需求的提升，以及标准情报市场的逐渐扩大，为了深入挖掘隐藏在情报数据信息背后的安全痛点，需利用数据挖掘、大数据分析等多种技术赋能手段打通与多样化安全机制间的壁垒，对前置信息进行多角度、多维度的加工整理、评估分析，获得标准情报知识，使标准情报更加系统化、有序化，并对潜在威胁进行合理预测，为安全战略决策提供辅助支持。

8.3.2.4 国家安全目标——情报应用与反馈

标准情报应用通过个性化和多模式的情报表现形式来增进其可解释性和操作性，从已有标准情报知识延伸至预测未来，完成了从知识到智慧的跃迁，为实现国家安全目标提供了更为强大的支持和保护。同时，以确保标准情报质量为服务核心，将标准情报智慧反馈至相关决策机构，在双向互动中有效打破时间壁垒，并回溯历史标准化活动信息联结成为攻击者画像，利用画像信息进一步挖掘衍生的安全事件，对标准化行动方案和战略决策进行及时且必要的调整和管控，在更广泛的时空边界采取更为积极主动的防御策略，最终实现标准情报服务能力的螺旋式上升，形成分工明确的情报流转生态。

由此可见，在供给侧与需求侧适配性互动下，标准情报服务流程与国家安全构成要素协同融合，共同构成了一个有机整体，为保障国家安全提供了全方位的情报支持。从供给侧来看，标准情报服务流程的不断优化和完善，可为国家安全提供更加精准、及时的情报支持。通过对各类标准的搜集、处理分析和应用，能够切实把握国内外技术发展趋势、产业动态及潜在的安全风险，为国家安全决策提供可靠依据。从需求侧来看，国家安全涉及政治、经济、军事、文化等多个领域，不同安全要素对标准情报的需求也各不相同，可促使标准情报服务更有针对性地开展工作。事实上，着力维护国家安全的标准情报服务，正是以"服务大局、赋能全域、铸就效能"为创新旨归，致力于提升情报服务的效率和效果，多维塑造标准核心竞争力。聚焦于安全环境、安全理念、安全内容及安全目标等要素，主动适应时代环境变化和风险特征，持续迭代地将安全因素适应性嵌入标准化全生命周期的演进过程，针对性地提供情报产品和问题解决方案，标准情报数据也在螺旋式上升中从分散无序走向分类有序，不断沉淀，为标准情报服务固本培元、推陈出新提供不竭动力。

8.4　以国家安全为旨向的标准情报服务创新路径

新时代国家安全局势错综复杂，标准情报工作已然成为防范化解安全隐患、维护安全稳定的新利器。以构建高质量的标准情报服务模式为价值导向，在明晰国家安全与标准情报服务创新关联逻辑的基础上，按照国家安全的战略需求，需进一步揭示新形势下促进情报服务力提升的实现路径，以确保标准情报服务创新过程蹄疾步稳、有序推进，筑牢新时代国家安全的坚实根基。

8.4.1　标准情报服务创新的实现机制

在融合发展、转型升级的新时代浪潮中，标准情报服务积极回应动态变化的国家安全需求关切，深度融合传统服务优势与新兴数字技术，在传统功能的基础上持续迭代升级，打造"全流程＋全场景"的"一站式"情报服务体系（谭晓、靳晓宏，2023）。在复杂变化的内外部发展环境中，在各种服务模式相互衔接的服务界面上开展资源整合、战略关联、价值共创等服务活动，从而不断激发标准情报服务创新潜能、持续释放服务创新活力，对维护国家高水平安全给予了有力的标准支持。因此，以要素互动为路径导向，本书对标准情报服务协调发展系统的内在联系展开分析，以阐释其服务创新的实现机制，具体如图8-4所示。

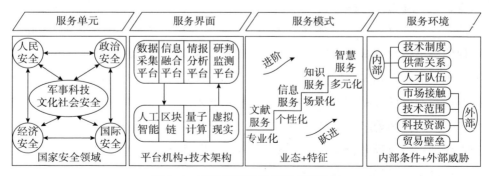

图 8-4　标准情报服务创新实现机制

资料来源：笔者整理。

8.4.1.1　服务单元

服务单元即构成服务关系价值生产和交换的基本单位，是标准情报服务所面向的国家安全重点领域。总体国家安全观蕴含的"大安全"理念涵盖诸多领域，且随着社会发展而不断拓延，具有鲜明的全域性特点，这意味着标准情报数据种类、服务对象及其面对的应用场景也都不尽相同。基于总体国家安全观的"五大要素"，深挖细掘面向多领域的标准情报服务方案，实现全方位多来源情报信息的集聚与分析，据此可提供分对象、分层次、分类别、分岗位的特定情报服务，开展关于当前与未来安全威胁的关键洞察，为国家安全战略规划予以全面的标准情报支撑。例如，在军事安全领域，服务单元重点在于搜集和分析各类军事装备的标准情报数据，服务对象则主要包括军事决策部门、军事科研机构及军事装备生产企业等。在新型武器研发过程中，服务单元需提供世界各国先进武器装备性能相关的标准情报，有助于研发团队找准技术突破点；在战机制造中，通过对国外先进战机的结构设计标准、发动机性能标准等情报进行搜集和分析，可为我国战机升级改进提供关键参考。

8.4.1.2　服务界面

服务界面即服务单元间的接触方式，是标准情报服务发挥作用的平台和技术载体。强化标准情报平台与技术架构一体化建设，是构造大情报的不二法门。借助新兴技术搭建数据采集、信息融合、情报分析及研判监测平台，充分整合各安全领域现有的海量标准情报数据，经由数据分析挖掘掌握标准化活动的规律和特性，能够提供基于标准情报的及时、精准发现关键安全威胁的能力，显著提升标准情报工作效率。以国家安全的应急管理领域为例，将大数据、物联网、人工智能等科技手段与传统手段相融合，推动管理方式变革，可加快与人民生命安全直接相关的标准情报数据供给，加快基础通用及综合性应急管理标准制定进程，指导各行业确立覆盖安全生产、自然灾害、公共卫生等领域，从总体到专项、从部门到地方再到企业的应急管理标准化预案，推进应急管理体系和能力现代化蹄疾步稳。

8.4.1.3　服务模式

服务模式即服务单元间彼此相互作用的方式，是标准情报服务流生成、进化及跃迁的具体形式。以服务国家发展与安全需求为使命，标准情报服务事业实现从文献服务到信息服务再到知识服务直至智慧服务的业态转变，呈现鲜明的专业化、个性化、场景化及多元化特征。以"全域征集、精准定制、系统提升"为转型升级主线，围绕不同安全需求项目分类建立定向服务动态清单，以点带面拓宽了服务国家安全的领域范围。以智能网络威胁检测与防御需求为例，通过广泛收集全球网络攻击的模式、手段、常见漏洞等标准情报，建立庞大的网络安全标准情报数据库。利用人工智能和机器学习算法对标准情报进行分析，实时监测国家关键网络基础设施（如金融系统、能源供应网络、交通指挥系统等）的网络流量和数据传输。一旦发现异常网络行为，能够迅速识别并判断是否为潜在的网络攻击，以确保国家网络安全。

8.4.1.4 服务环境

服务环境即影响服务效果的所有环境因素总和，是标准情报服务聚拢创新潜能的动力支撑。随着国内技术制度、情报供需关系及人才队伍发生变化，国外市场接触、技术范围、科技资源及贸易壁垒也面临变革，致使制约发展与安全的堵点难点问题频发，标准情报服务的活力和韧性亟须加强。鉴于安全环境特征因子增加、特征因子监测范围不断扩大，标准情报服务必须持续跟踪分析整体环境的影响及发展趋势，才能助力国家安全形势持续稳定。例如，在5G通信技术领域，新的技术标准和规范不断出台，这不仅影响了国内通信企业的发展战略制定，还给国家安全形势带来了深远影响。鉴于5G技术在军事通信、智能交通、工业互联网等关键领域有着广泛应用，其技术制度变化直接关乎这些领域的安全水平，故标准情报服务需密切关注环境变化，及时为相关部门提供准确的情报。

由此可见，在服务单元、服务界面、服务模式与服务环境要素的交织互动下，聚焦国家安全需求的变化特点，标准情报服务实现了从被动式运维向主动安全运营的转变。通过建立以持续监测评价为核心，覆盖预测、防御、检测和响应的标准情报服务体系，以全面感知、精准防御、智能协同、持续迭代的方式，拓宽了"让安全更主动、让服务更高效"的价值成长空间。

8.4.2 标准情报服务创新的实现路径

标准情报服务可为战略安全决策提供重要的信息支持，而战略安全决策又会影响标准情报活动的方向和重点。在二者互动与协同融通的过程中，标准情报流动作为国家安全形势的客观映射，是国家安全的风向标；国家安全重视标准赋能，对情报流动起到反馈作用。以引领发展与安全为重点，基于安全现状与未来发展态势确定标准情报服务需求，在情报流动中选定了最优的服务方案，实现了标准情报服务创新的效用价值（李霁友、曹如中，2019），具体如图 8-5 所示。

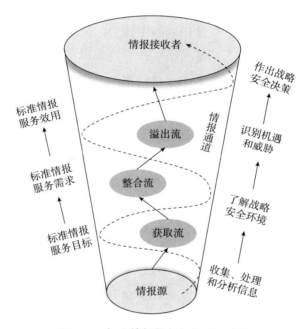

图 8-5   标准情报服务创新实现路径

资料来源：笔者整理。

8.4.2.1   情报流动——动能孕育

情报流动是标准情报服务供需双方交互匹配的基本连接方式。在维护国家安全的基础上，标准情报数据从情报源持续输出，经由获取流、整合流和溢出流组成的情报流动通道抵达情报接收者，完成由"流入"向"融入"的落地转化，实现了与国家安全事务的整体联动。丰富的情报来源和流动机制可从多个角度和层面搜集与安全事件相关的标准情报数据，且情报流动带来的多源情报融合为安全事件分析提供了更为全面的信息基础。由此，在情报生产者和接收者间建立实时的标准情报交换通道，提供支持订阅、查询、推送等多种情报共享模式，发现安全事件的潜在规律和趋势，以确保标准情报可在国家安全战略需要时快速、稳妥地送达，提高了安全事件的识别、分析、响应及预防能力。

8.4.2.2　服务目标——需求趋向

标准情报服务目标是由国家安全事件特性、标准化阶段及服务对象共同决定的，具体表现为标准情报工作者视不同安全领域事件的形势特点与复杂程度，明确标准情报服务的现实内容与工作量。标准情报服务需求则是以标准情报服务目标为指引，为标准情报工作开展提供精准定位、指导情报资源的合理分配，也可助力构建完善的标准情报产品体系、推动标准情报服务的个性化和定制化，被当作系统制定标准情报产品和服务清单的参考依据。在此基础上，遵循情报工作流程执行标准情报服务方案，借此获取全球范围内的标准情报动态，帮助政府及时掌握标准发展趋势和行业现状，了解国际前沿的标准资讯和动态，既能为政府制定标准化政策提供决策支持和风险预警，又能为国家标准化发展注入动力，最终达成标准情报服务的安全效用。

8.4.2.3　流程优化——要素效用

随着科技发展的加速和信息化的深入，标准情报信息更多源、结构更复杂、规模也更庞大，加上国家安全涉及多个领域的协同发展，过去的片段化、局部性服务已难以有效满足发展和安全新需求，需要以全面、准确的标准情报来支撑决策和应对风险。从标准化建设规律出发，通过快速收集、处理和分析国内外各类情报信息，开展多维度、多方式、多深度的标准情报研究和服务，据此及时掌握不确定性条件下国际标准化战略形势和国家安全环境的深刻变化，同时了解竞争对手的发展动向和策略，前瞻研判科技发展大势和突破方向，可从中把握新发展阶段国家安全面临的新机遇新挑战，为政府部门科学布局安全战略决策提供依据和支持，以确保政策的有效性和适应性。

总体而言，安全为先、创新驱动，以标准情报信息的有序快速流动和高效处理利用为创新载体，以标准情报"目标—需求—效用"动态匹配为创新抓手，以标准情报对国家战略安全决策的引领支持为创新导向，建设了与标

准竞争和国家安全相适应的标准情报服务发展体系，为构筑标准化工作大格
局、塑造标准竞争新优势提供了坚实支撑。

8.5 以国家安全为旨向的标准情报服务创新策略

国际局势云谲波诡、周边环境复杂难测，发展赤字和安全赤字有增无减，
催生了各种安全风险的溢出效应，给国家安全带来了新的不确定性。鉴于标
准情报对国家安全的支撑保障作用愈加凸显，亟须呼唤以更具开放性、兼容
性和系统性的创新思维重塑标准情报服务范式。为有效应变局、育新机、开
新局，在回应时代之变中把握发展主动权，建立在理解和把握标准情报服务
创新逻辑与实现路径的基础上，结合国家发展和安全的迫切需求，应当进一
步探讨标准情报服务创新的效能提升策略，以便掌控维护国家安全的全局性
主动，为国家安全提供有力的标准后盾（高金虎，2022）。

8.5.1 明确支撑国家总体安全观的战略指向

随着国家对标准化的重视程度不断提高，未来国家安全工作对标准情
报的需求或将迎来井喷式增长。然而，标准情报的战略支撑托底能力稍显
薄弱，各需求方对标准情报的战略重要性认识尚显不足。因此，标准情报
服务需在全面了解国家安全战略基本原则、分析国家安全战略策略及把握
国家安全战略现状的基础上，务实选择重点服务领域，有针对性地发挥标
准情报对国家安全的先导性支持和嵌入性服务效用。由此，以战略方向确
定创新方向，培育凸显前瞻性、全局性和协调性的标准情报服务核心能力，
对未知标准"卡脖子"难题加以预判，有助于抢占全球科技革命和标准竞
争制高点，从而达成辅助国家安全决策、实现国家安全的战略目标。

8.5.2 适应错综复杂的安全环境

当今世界产业格局正经历显著变革，国际对抗局势愈演愈烈，我国也已
实现从跟跑到并跑再到领跑的转变，亟须从外界环境要素出发推动标准情报
服务加快创新步伐。相应地，应顺应易变性、不确定性、复杂性、模糊性等

时代特征，加强标准情报的收集、分析和应用能力，准确把握国际产业发展动向，预判可能对国家安全产生影响的产业变革。由此，加速标准情报服务由事后应急向事前防控转型，对安全风险产生、传导、叠加、转化等各个环节进行动态把控，有针对性地创新服务方式、提升服务质效，借此提供安全风险预警、支持安全决策制定、稳定改善安全环境，为安全突发事件的应对和处置施以标准定力。

8.5.3 激活数字技术赋能引擎

站在大变革、大调整和大分化的转折点，需充分借助云计算、大数据和人工智能等数字技术的优势，实现标准情报服务的转型升级和创新发展。具体而言，以研判差异化的国家安全需求为基础，推动标准情报服务供需两侧紧密对接。在需求侧，应深入了解不同领域、不同层面的国家安全需求，包括经济安全、军事安全、科技安全等传统方面的需求特点和变化趋势，并关注数字经济、人工智能安全、生物安全等新兴领域的发展态势；在供给侧，需借助技术赋能对与国家安全相关的标准情报进行内容挖掘、特征分析及应对策略裁定，不断优化标准情报服务的内容和形式，强化服务的针对性和实效性。由此，可根据不同安全需求提供个性化的标准情报服务，促进精准服务能力建设。

8.5.4 推进情报服务流程优化

在情报采集环节，应将国家安全需求摆在核心位置。广泛拓展情报来源渠道，不仅与国内外专业机构、科研院所和企业合作，还应与政府部门、国际组织等建立紧密联系，以确保可及时获取涉及国家安全各个领域的标准情报。情报处理环节要更加精细化和专业化，组建专业化情报分析团队，成员应具备深厚的专业知识和丰富的国家安全工作经验。在情报利用环节，要建立高效的情报传递和决策支持机制，以确保标准情报能够及时精确地传达到国家安全决策部门和相关执行机构。此外，还应建立动态预警监测机制，持续监测国内外安全形势的变化和标准情报的动态更新，及时发现可能对国家安全构成威胁的潜在风险。由此，总体上呈现流程再造、服务优化、效能提升"三位一体"的理想状态。

　　总体而言，迈入国家安全治理新阶段，安全要素体系化、安全环境复杂化、安全战略全局化深刻改变了传统的标准情报工作体系，标准情报服务面临新的机遇和挑战。在动荡不安中寻求逻辑重构、价值重塑、模式重建已成为新形势下标准情报服务转型变革的必然选择，而挖掘安全生产力正是激发其服务潜能的关键臂助。因此，立足新时代背景阐明国家安全与标准情报服务的关联机制和互动路径，不仅是突破服务效率增长瓶颈的迫切需要，也是筑牢国家安全标准防线的题中之义。本章在全面把握国家战略背景下标准情报服务创新动因的基础上，对国家安全视域下标准情报服务创新的内涵特征作出界定。依据总体国家安全观的核心要义对标准情报服务创新的逻辑展开分析，并探究了以国家安全为旨向的标准情报服务创新实现路径，进而提出相应的效能提升策略，以期加速释放标准情报服务的安全效益，为维护和塑造国家安全提供有力的标准支撑。鉴于国家安全形势日趋复杂，其内涵和外延不断拓展，边界也持续动态变化，如何进一步完善标准情报服务体系，使其更好地适应国家安全工作新要求，仍需未来研究予以关注。

结　语

本书立足数字化现实背景，聚焦于服务层面的标准情报管理机制，以标准情报工作起步、中坚、落地及应用为内容逻辑主线，依次探究了数字驱动下标准情报服务创新的价值创造机制，挖掘了知识视角下标准情报管理的优化路径，揭示了标准情报的生成机制，并探究了面向国家安全的标准情报应用场景。本章将所得研究结论予以归纳总结，对研究创新点进行阐述，最后指出研究存在的不足之处，进而就未来研究方向予以展望。

9.1 研究的主要结论

复杂多变的数字化格局下，标准作为开展生产经营活动的核心要素，通常决定着产品的开发与质量水平。屹立在技术发展和市场演进的前沿，不断谋求标准竞争的主动权和话语权、提升标准竞争优势，被视为推进标准化工作的重中之重，这在很大程度上取决于标准情报的工作成效。随着标准化进程的深入推进，能否有效开发利用标准情报价值、保障其情报服务质量，关系到未来的生存发展前景。如何确立合理的标准情报管理机制来为用户提供优质服务，便成为在变局中寻求标准化创新机遇的必然选择。因此，本书搭建了数字经济时代下的标准情报管理分析框架，主要得到以下结论。

9.1.1 数字驱动层面

随着数字科技的飞速发展，需求多样化、场景复杂化、数据价值化深刻改变着传统的标准情报服务理念，并对原有的情报工作体系建设带来巨大冲击，加速变革与创新已成为提升标准情报管理效能的必由之路，而挖掘数字生产力正是释放其发展活力的关键所在。立足数字驱动新时代背景探明标准情报管理的内在逻辑及实现路径，不仅是破解当前服务效率低下难题的迫切需要，还是深度优化情报服务模式的题中之义。本书在全面把握数字化时代现实影响的基础上，对数字平台驱动标准情报服务创新的作用逻辑展开探讨，揭示了数智驱动下标准情报场景化服务的价值创造机制，进而提出相应的服务创新效能提升策略，以期强化新形势下标准情报工作的价值效益，为情报服务数智化转型升级的平稳推进提供有力支持。

9.1.2　知识管理层面

标准情报不仅能为标准化的有序推进提供保障，还是标准知识管理与服务的主要内容。随着标准情报工作重要性日益彰显，传统的标准情报服务内容难以充分满足用户的标准化需求，知识管理已成为现阶段发挥标准情报价值的重要突破口。本书旨在为标准情报工作注入知识管理思维，搭建知识视角下的标准情报理论整合分析框架，在梳理标准情报与知识管理领域相关研究成果的基础上，阐述了知识生态视角下标准情报系统的演化与运行机制，揭示了标准情报智库联盟知识生态系统的演化与运行机制，并分析了知识创新驱动下的标准竞争情报行为。由此，厘清了标准情报管理的知识逻辑，有助于提升标准情报利用率、优化标准情报的知识服务质量，为推动标准化建设提质增效提供了重要着力点。

9.1.3　场景应用层面

迎来新的发展时期，需求多样化、技术智能化、要素体系化深刻改变着传统的标准情报工作理念，并对原有的情报服务流程和策略带来巨大挑战，创新情报服务模式已成为谋求高质量发展的必然选择，而挖掘标准情报应用场景正是释放其管理活力的关键所在。立足数字化时代背景探明标准情报的生成逻辑，刻画其场景化应用，不仅是解决当前情报资源利用问题的迫切需要，还是塑造情报服务能力优势的题中之义。本书在梳理总结以往研究成果的基础上，从协同视角对标准情报的生成机制展开探讨，并针对国家安全领域的标准情报服务场景应用进行分析，以期捕捉数字科技蓬勃兴起的历史机遇、迎接竞争情报环境的不确定性挑战，加速推进标准情报服务数字化转型进程、实施全方位变革。

9.2 研究的创新性

标准情报管理的本质是核心服务竞争力，优化标准情报服务模式来培育标准情报工作的核心能力，能够助力形成数字化时代下的标准竞争优势。通过实施有效的标准情报管理策略，使情报资源保持最佳的服务价值取向，才能在动态变化的数字化环境中维持标准情报管理的稳定秩序。本书立足中国的数字化转型背景，由情报服务视角切入，阐述了数字驱动下标准情报服务的创新与价值创造逻辑。基于知识生态与知识创新深入剖析了标准情报系统的演化与运行机制，运用协同理论揭示了标准情报的生成机制，并据此实例分析了国家安全领域的标准情报应用。本书的主要创新点如下。

第一，明晰了数字驱动下标准情报服务的基本脉络。一方面，适应数字化生产力的发展要求，基于服务创新理论的研究进路，探讨了数字平台对标准情报服务创新的驱动机制，全面诠释了情报主体间的价值共创互动规律，为释放平台资源集聚效应、培育标准情报服务新生态提供了参考借鉴。另一方面，顺应数智驱动的价值主张，遵循场景理论的研究脉络，以场景为价值创造载体，分析了数智技术赋能标准情报场景化服务的价值创造机制，厘清了场景化服务的价值产出逻辑与达成实现路径，能够为打造标准情报场景化服务新生态，推动情报服务工作实现高质量发展提供参考借鉴。

第二，阐明了知识视角下标准情报管理的内在逻辑。一方面，从注重整体协调性和外部适应性的生态学思想入手，依据知识生态学理论对标准情报系统的演化机制展开探讨，由此提出了相应的生态化治理机制；另一方面，根植于我国本土化标准情报智库实践，从协调生态要素和注重系统合力这一新思路出发，探讨智库联盟知识生态系统演化及运行规律，确立了智库联盟与知识生态系统协同发展的知识服务体系。此外，聚焦生命周期视角剖析标准化阶段与知识创新活动间的协同关系，基于此建立了知识创新驱动的企业标准竞争情报行为分析框架。由此，进一步丰富了标准化与知识管理理论，有助于打造要素集聚、协同共生的技术标准情报系统，为标准化战略决策提供全方位服务支持。

第三，探索了标准情报服务的场景化应用。一方面，从协同视角切入，从生命周期演化的时间维度、场域－惯习主体关系的空间维度着手，剖析了技术标准情报的生成机制，刻画了标准情报系统的周期延续性、主体多元性特征，为提高标准情报服务效能提供了全新思路；另一方面，立足总体国家安全观的研究基点，紧扣变局下国家安全形势的新特点、新趋势，从理论层面廓清了标准情报服务对维护国家安全的作用逻辑、践行路径及保障策略，进一步推动了标准情报在国家安全领域内的话语体系建构，变革创新兼具战略性、前瞻性、竞争性和全局性的标准情报事业，进而为全面强化高水平安全贡献标准力量。

9.3 研究局限与展望

标准情报作为数字化时代应用最为广泛、利用率最高的情报信息之一，现有研究虽然对其展开了广泛探讨，但多集中分析标准情报的重要性，探讨技术标准情报的作用机制、条件和方式的研究成果较为缺乏。标准情报确实具有信息工作的一般特征，但同时也具备有别于其他信息工作的自身特质，对其展开理论研究十分必要，推动其实践应用极为迫切。因此，本书以数字化时代的标准情报服务管理为核心议题，在数字化背景下重新审视并提升标准情报的战略意义，建构涵盖逻辑、路径及策略在内的整体性理论框架体系，是对已有研究的继承与发展，有利于更全面地展现完整体系和学科研究全貌，能为标准情报工作的高效和平稳运行提供理论支撑。然而，鉴于数字化建设在我国尚处于起步发展阶段，标准情报管理要素构成庞杂、范式多元、场景丰富，需进一步完善情报服务的综合治理体系，拓展数字驱动高质量发展空间，加强情报服务体系顶层设计，确立科学合理的情报服务评价机制，总结和提炼标准情报服务的价值规律。

参考文献

［1］Abbate T，Codini A P，Aquilani B. Knowledge Cocreation in Open Innovation Digital Platforms：Processes，Tools and Services［J］. Journal of Business & Industrial Marketing，2019，34（7）：1434-1447.

［2］Ackoff R L. From Data to Wisdom［J］. Journal of Applied Systems Analysis，1989（16）：3-9.

［3］Alguliyev R M，Imamverdiyev Y N，Mahmudov R S，et al. Information Security as a National Security Component［J］. Information Security Journal，2021，30（1）：1-18.

［4］Blind K，Mangelsdorf A. Motives to Standardize：Empirical Evidence from Germany［J］.Technovation，2016，48：13-24.

［5］Briggs C M，Matejova M，Weiss R. Disaster Intelligence：Developing Strategic Warning for National Security［J］. Intelligence and National Security，2022，37（7）：985-1002.

［6］Chen D N，Liang T P，Lin B S. An Ecological Model for Organizational Knowledge Management［J］. Journal of Computer Information Systems，2010，50（3）：11-22.

［7］Chen D N，Liang T P. Knowledge Diversity and Firm Performance：An Ecological View［J］. Journal of Knowledge Management，2016，20（4）：671-686.

［8］Chen M J，Smith K G，Grimm C M. Action Characteristics as Predictors of Competitive Responses［J］. Management Science，1992，38（3）：439-455.

［9］Christensen J，Holst C. How do Advocacy Think Tanks Relate to Academic Knowledge? The Case of Norway［J］.Scandinavian Political Studies，2020，43（3）：223-239.

［10］Constantinides P，Henfridsson O，Parker G. Platforms and Infrastructures in the Digital Age［J］. Information Systems Research，2018，29（2）：381-400.

［11］Delva J，Forrier A，Cuyper N D. Integrating Agency and Structure in Employability：Bourdieus Theory of Practice［J］. Journal of Vocational Behavior，2021，127：103579.

［12］Dietz T，Ostrom E，Stern P C. The Struggle to Govern the Commons［J］. Science，2003，302（5652）：1907-1912.

［13］Fraussen B，Halpin D. Think Tanks and Strategic Policy-Making：the Contribution of Think Tanks to Policy Advisory Systems［J］. Policy Sciences，2017，50（1）：105-124.

［14］Fujs D，Bernik I. Characterization of Selected Security-Related Standards in the Field of Security Requirements Engineering［J］. Elektrotehniski Vestnik，2022，89（3）：73-80.

［15］Hackos J T. International Standards for Information Development and Content Management［J］. IEEE Transactions on Professional Communication，2016，59（1）：24-36.

［16］Howell A. Agglomeration，Absorptive Capacity and Knowledge Governance：Implications for Public-Private Firm Innovation in China［J］. Regional Studies，2019，54（8）：1069-1083.

［17］Hussain M，Satti F A，Ali S I，et al. Intelligent Knowledge Consolidation：From Data to Wisdom［J］. Knowledge-Based Systems，2021，234：107578.

［18］Inoue Y. Indirect Innovation Management by Platform Ecosystem Governance and Positioning：Toward Collective Ambidexterity in the Ecosystems［J］. Technological Forecasting and Social Change，2021，166：120652.

［19］Laberge Y. Review Essay：Habitus and Social Capital：From Pierre Bourdieu and Beyond［J］. Sociology，2010，44（4）：770-777.

［20］Liao F Y，Hu L L，Wang J，et al. Research and Suggestions on Scientific Data Security Standards［J］. Chinese Science Bulletin，2024，69（9）：1142-1148.

［21］Lindell J. Bourdieusian Media Studies：Returning Social Theory to Old and New Media［J］. Distinktion Scandinavian Journal of Social Theory，2015，16（3）：362-377.

［22］Lowe S，Tapachai N. Bourdieusian Interaction：Actors' Habitus，Agentic Activities and Field Resources［J］. Journal of Business & Industrial Marketing，2020，36（6）：893-904.

［23］López-Robles J R，OtegiOlaso J R，Gómez I P，et al. 30 Years of Intelligence Models in Management and Business：A Bibliometric Review［J］. International Journal of Information Management，2019，48：22-38.

［24］Mangelsdorf A，Vries H J D，Blind K. External Knowledge Sourcing and Involvement in Standardization-Evidence from the Community Innovation Survey［C］. Dallas：International Technology Management Conference，2012.

［25］Millerand F，Baker K S. Who are the Users? Who are the Developers? Webs of Users and Developers in the Development Process of a Technical Standard［J］. Information Systems Journal，2010，20（2）：137-161.

［26］Nonaka I，Takeuchi H. The Knowledge-Creating Company：How the Japanese Companies Create the Dynamics of Innovation［M］.New York：Oxford University Press，1995.

［27］Nonaka I，Toyama R，Konno N. SECI，Ba and Leadership：A Unfided Model of Dynamic Knowledge Creation［J］. Long Range Planning，2000，33（1）：5-34.

［28］Oraee N，Sanatjoo A，Ahanchian M R. The Competitive Intelligence Diamond Model with the Approach to Standing on the Shoulders of Giants［J］. Library & Information Science Research，2020，42（2）：101004.

［29］Pynnönen S，Haltia E，Hujala T. Digital Forest Information Platform as Service Innovation：Finnish Metsaan.fi Service Use，Users and Utilisation［J］. Forest Policy and Economics，2021，125（16）：102404.

［30］Pór G，Molloy J. Nurturing System Wisdom through Knowledge Ecology［J］. The Systems Thinker，2000，11（8）：1-5.

［31］Pór G. Designing Knowledge Ecosystems for Communities of Practice［C］. Los Angeles：Advancing Organizational Capability Via Knowledge Management Conference，1997.

［32］Qi D T. The Roles of Government，Businesses，Universities and Media in China's Think Tank Fever：A Comparison with the American Think Tank System［J］. China：An International Journal，2018，16（2）：31-50.

［33］Ranjan J，Foropon C. Big Data Analytics in Building the Competitive Intelligence of Organizations［J］. International Journal of Information Management，2020，56：102231.

［34］Reuver M D，Sørensen C，Basole R C. The Digital Platform：A Research Agenda［J］. Journal of Information Technology，2018，33（2）：124-135.

［35］Segal H，Abelson D E. Do Think Tanks Matter? Assessing the Impact of Public Policy Institutes［J］. Canadian Public Policy，2004，30（1）：128.

［36］Slob F J C,Vries H J D. Best Practice in Company Standardization［R］. Rotterdam：Erasmus University Rotterdam，2002.

［37］Smith K G，Grimm C M，Gannon M J. Dynamics of Competitive Strategy［M］. New Bury Park，CA：Sage Publications，1992.

［38］Söderström E. Formulating a General Standards Life Cycle［J］. Advanced Information Systems Engineering，2004，13（2）：263-275.

［39］Tang D Z，Wu G D，Shi J G. Behavioral Coordination Mechanism of Interorganizational Knowledge Innovation in Real Estate Projects［J］. Journal of Interdisciplinary Mathematics，2016，19（2）：395-412.

［40］Teli M，Fiore A D，D'Andrea V. Computing and the Common：A Case of Participatory Design with Think Tanks［J］. CoDesign，2017，13（2）：83-95.

［41］Vial G. Understanding Digital Transformation：A Review and a Research Agenda［J］. The Journal of Strategic Information Systems,2019,28（2）：118-144.

［42］Walsh J N，O'Brien J. The Role of Information Systems and Knowledge

Codification for Service Provision Strategies［J］. Journal of Service Theory and Practice，2021，31（3）：318-350.

［43］Wang Y G，Tian Q H，Li X，et al. Different Roles，Different Strokes：How to Leverage Two Types of Digital Platform Capabilities to Fuel Service Innovation［J］. Journal of Business Research，2022，144：1121-1128.

［44］Wells D A. The Extended Pphenotype（s）：A Comparison with Niche Construction Theory［J］. Biology & Philosophy，2015，30（4）：547-567.

［45］Wilson J M，Lake C K，Matthews M，et al. Health Security Warning Intelligence During First Contact with Covid：An Operations Perspective［J］. Intelligence and National Security，2022，37（9）：1-24.

［46］Wiredu G O，Boateng K A，Effah J K. The Platform Executive：Technology Shaping of Executive Cognition during Digital Service Innovation［J］. Information & Management，2021，58（4）：103469.

［47］Wu Y H，De Vries H J. Effects of Participation in Standardization on Firm Performance from a Network Perspective：Evidence from China［J］. Technological Forecasting & Social Change，2022，175：121376.

［48］Xiao X H，Tian Q H，Mao H Y. How the Interaction of Big Data Analytics Capabilities and Digital Platform Capabilities Affects Service Innovation：A Dynamic Capabilities View［J］. IEEE Access，2020（8）：18778-18796.

［49］白如江，陈鑫，任前前. 基于供需理论的生成式人工智能赋能情报工作范式模型构建与应用研究［J］. 情报理论与实践，2024，47（1）：75-83.

［50］布迪厄，华康德. 实践与反思［M］. 李猛，李康，译. 北京：中央编译出版社，2004.

［51］陈海贝，赵湘莲. 应急管理中的绿色金融安全情报服务研究［J］. 情报杂志，2022，41（3）：72-79.

［52］陈美华，陈峰. 美国竞争情报系统构建的信息生态解析［J］. 情报理论与实践，2018，41（1）：9-15.

［53］陈美华，王延飞. 企业竞争情报系统构建的生态基础［J］. 情报科学，2018，36（3）：26-32.

［54］陈美华，张明亮，王延飞.面向国家安全体系和能力现代化建设的应急情报工作研究［J］.情报科学，2023，41（7）：2-7，13.

［55］陈云鹏，周国民.技术标准情报分析服务研究［J］.兰台世界，2016（18）：19-20.

［56］成琼文，郭波武，张延平，等.后发企业智能制造技术标准竞争的动态过程机制：基于三一重工的纵向案例研究［J］.管理世界，2023，39（4）：119-140，191.

［57］储节旺，夏莉.国内知识生态系统研究述评［J］.情报科学，2021，39（8）：184-193.

［58］党马宏.基于知识管理的情报收集与分析研究［J］.科技创业月刊，2017，30（6）：111-114.

［59］邓胜利，付婷.协同理论在中国图情领域的应用研究述评与展望［J］.情报理论与实践，2018，41（9）：148-153.

［60］范冬萍，何德贵.基于 CAS 理论的社会生态系统适应性治理进路分析［J］.学术研究，2018（12）：6-11，177.

［61］冯向梅，顾方，鲁瑛，等.面向技术创新的企业智能情报服务平台构建［J］.数字图书馆论坛，2022（5）：14-23.

［62］高金虎.论国家安全学的学科体系［J］.情报杂志，2022，41（1）：1-7.

［63］赟金洲.技术标准化与技术创新、经济增长的互动机制及测度研究［D］.长春：吉林大学，2012.

［64］龚花萍，张小斌，周江涌.面向区域科技创新的竞争情报服务平台绩效评价研究［J］.现代情报，2022，42（3）：57-65.

［65］郭长青，侯勇光.面向战略的情报感知刻画研究［J］.情报杂志，2023，42（6）：104-109，161.

［66］郭华，宋雅雯，曹如中，等.数据、信息、知识与情报逻辑关系及转化模型［J］.图书馆理论与实践，2016（10）：43-46，51.

［67］郭骈，蒋勋，许瑞，等.协同视角下的跨域突发事件应急情报组织模式［J］.情报学报，2021，40（7）：697-713.

［68］哈肯.协同学［M］.徐锡申，陈式刚，陈雅深，等译.北京：原子

能出版社，1984.

［69］何洪吉.我国国家安全情报研究的路径探索解析：基于主题演变的分析（1992—2023）［J］.情报探索，2024（9）：44-53.

［70］胡吉明，梁孟华.国家安全体制下的网络化信息服务标准体系建设［M］.武汉：武汉大学出版社，2022.

［71］化柏林，郑彦宁.情报转化理论（上）：从数据到信息的转化［J］.情报理论与实践，2012，35（3）：1-4.

［72］黄晓斌，张明鑫.新技术环境下的智库情报服务创新研究［J］.图书与情报，2020（1）：112-119.

［73］姜红，孙舒榆，吴玉浩.技术标准联盟知识生态系统演化机制分析：闪联产业联盟案例［J］.科技进步与对策，2019，36（21）：1-9.

［74］姜红，吴玉浩，高思芃.技术标准化与知识管理关系研究：生命周期视角［J］.科技进步与对策，2018，35（13）：18-27.

［75］姜红，吴玉浩，孙舒榆.技术标准联盟知识生态系统的演化与治理机制研究［J］.情报杂志，2019，38（10）：191-199.

［76］鞠昕蓉，郑荣.高校智库联盟成员选择的影响因素模型及实证研究［J］.图书情报工作，2020，64（23）：96-108.

［77］鞠英杰，游雪雯.基于生态系统理论的产业竞争情报分析研究［J］.情报杂志，2018，37（1）：22-27.

［78］黎静，关问文.生态系统的抵抗力稳定性与恢复力稳定性的辩证关系［J］.中学生物教学，2014（5）：47-49.

［79］李白杨，李纲，王施运，等.场景的延伸：从科技情报到科技服务［J］.图书情报工作，2020，64（1）：64-69.

［80］李保红，吕廷杰.基于制度创新的技术创新、IPR和标准化研究［J］.科技进步与对策，2009，26（7）：109-111.

［81］李春利，高良谋，安岗.数字平台组织的本质及演进：基于分工视角［J］.产经评论，2021，12（6）：134-147.

［82］李纲，余辉，夏义堃.国家安全战略信息需求建模与智能匹配研究［J］.情报学报，2021，40（11）：1129-1138.

［83］李霁友，曹如中.竞争情报工作中的情报流研究［J］.情报杂志，2019，38（1）：30-35.

［84］李品，杨国立，杨建林.面向国家安全与发展决策支持的情报服务体系框架研究［J］.情报理论与实践，2020，43（2）：9-14.

［85］李淑华，滕学为.面向国家安全的情报需求管理：研究必要、机制构建与实践应用［J］.情报杂志，2024，43（5）：35-39，46.

［86］李星煜.战略情报管理的实用指导：情报领域首份国际标准 ISO 56006 解读［J］.情报杂志，2023，42（10）：63-68，13.

［87］李阳，孙建军.复杂情境下应急管理情报工程服务机制构建及场景化应用［J］.情报学报，2022，41（2）：107-117.

［88］廉睿，申静，罗东超.新时代国家安全治理的中国方案：制度逻辑与未来面向［J］.情报杂志，2023，42（2）：196-200，207.

［89］梁永霞，李正风.知识生态学研究的几种进路［J］.情报理论与实践，2011，34（6）：23-26.

［90］林琳，杨皎平，徐永利.制造业企业服务化平台价值共创机制研究［J］.企业经济，2022，41（7）：94-104.

［91］林琼秋，李中深，楼红耀，等.搭建标准化创新服务平台创新温州市标准信息服务方式［J］.中国标准化，2020（3）：165-167，179.

［92］林洲钰，林汉川，邓兴华.什么决定国家标准制定的话语权：技术创新还是政治关系［J］.世界经济，2014，37（12）：140-161.

［93］刘彬彬，杜佳，张向荣.标准竞争情报：高新技术企业标准战略制胜的利器［J］.标准科学，2009（1）：53-59.

［94］刘春江，朱江.面向情报分析的专利大数据服务平台架构研究［J］.图书馆工作与研究，2022（4）：57-64.

［95］刘晗.场景服务创新：移动网络信息治理的场景化转型［J］.学习与实践，2020（9）：98-106.

［96］刘婕，彭国超.我国标准情报服务的发展及演化路径分析［J］.情报杂志，2021，40（4）：119-125，162.

［97］刘小平，甘婷，李忆，等.电子商务企业竞争行为组合的选择与转

换［J］.情报杂志，2015，34（2）：194-200.

［98］刘洋，董久钰，魏江.数字创新管理：理论框架与未来研究［J］.管理世界，2020，36（7）：198-217，219.

［99］龙跃，顾新，廖元和.基于知识生态转化的产业技术创新主从协调研究［J］.科学学与科学技术管理，2018，39（2）：104-115.

［100］路甬祥.创新与未来：面向知识经济时代的国家创新体系［M］.北京：科学出版社，1998.

［101］吕萍，李正中.基于核心竞争力的标准竞争战略研究［J］.科技进步与对策，2004（1）：7-9.

［102］罗兴武，张皓，刘洋，等.数字平台企业如何从事件中塑造数字创新能力：基于事件系统理论的钉钉成长案例研究［J］.南开管理评论，2023，26（4）：234-247.

［103］马海群，满振良.国家安全情报产品规范的评价体系研究：以美国为例［J］.情报杂志，2023，42（11）：79-85.

［104］马小琪，郝志超.情报学转化论模型重构及其应用研究［J］.图书情报工作，2018，62（12）：5-11.

［105］马晓苗，赵楠，尹鹏飞，等.内容服务商业模式创新路径研究：以"罗辑思维"为例［J］.科研管理，2022，43（6）：152-159.

［106］毛昊，柏杨.技术标准竞争、未来产业发展与国家战略博弈［J］.科学学研究，2024，42（4）：713-720，849.

［107］缪沁男，魏江，杨升曦.服务型数字平台的赋能机制演化研究：基于钉钉的案例分析［J］.科学学研究，2022，40（1）：182-192.

［108］潘苏楠，李北伟.基于知识管理的地方智库创新生态系统构建及运行机制研究［J］.情报资料工作，2020，41（2）：106-112.

［109］彭国超，刘婕，伍珂，等.企业用户标准情报需求层次体系构建研究［J］.情报科学，2023，41（6）：47-53.

［110］彭国超，刘婕，张冰倩.我国标准情报服务的分类及发展现状研究［J］.情报科学，2022，40（10）：179-186.

［111］申静，蔡文君，毕煜.智库研究的现状、热点与前沿［J］.情报理

论与实践，2020，43（12）：33-41.

［112］施琴芬，吴祖麒，赵康.知识管理视野下的隐性知识［J］.中国软科学，2003（8）：96-102.

［113］史丽萍，唐书林.基于玻尔原子模型的知识创新新解［J］.科学学研究，2011，29（12）：1797-1806，1853.

［114］宋志红，李常洪，李冬梅.技术联盟网络与知识管理动机的匹配性：基于1995—2011年索尼公司的案例研究［J］.科学学研究，2013，31（1）：104-114.

［115］孙杰，高志国，张骁.对企业数字平台建设和发展的思考［J］.信息通信技术与政策，2020（5）：61-66.

［116］孙瑞英，贾旭楠.高校智库信息生态链与生态圈构建研究［J］.现代情报，2019，39（8）：37-44.

［117］孙瑞英，王浩.我国高校智库联盟内聚外联的激励机制设计研究［J］.图书情报工作，2019，63（14）：13-19.

［118］孙瑞英，袁烨.我国高校智库联盟运行的博弈分析及激励策略研究［J］.现代情报，2018，38（12）：9-12，21.

［119］孙涛.知识管理：21世纪经营管理的新趋势［M］.北京：中华工商联合出版社，1999.

［120］孙晓康.企业标准体系实施指南［M］.北京：中国标准出版社，2003.

［121］孙学斌.网络型产业中技术标准联盟生命周期及其竞争策略研究［D］.青岛：中国海洋大学，2008.

［122］孙耀吾，贺石中，曾德明.知识产权、基本要素与技术标准化合作［J］.中国工业经济，2006（4）：81-87.

［123］孙振领.知识生态系统进化机制研究［J］.情报杂志，2011，30（6）：152-155.

［124］谭晓，靳晓宏.数智时代情报流程模型构建研究［J］.情报理论与实践，2023，46（10）：32-39.

［125］谭晓，李辉，胡锡晟.总体国家安全观视阈下的情报学热点主题研

究［J］. 情报理论与实践，2021，44（1）：57-62+49.

［126］唐青青，谢恩，梁杰. 知识深度、网络特征与知识创新：基于吸收能力的视角［J］. 科学学与科学技术管理，2018，39（1）：55-64.

［127］唐艺. 知识生态位理论探析［J］. 知识经济，2008（9）：129-130.

［128］汪社教，马建军. 竞争情报系统构建的知识生态学视角［J］. 现代情报，2011，31（4）：26-29.

［129］王斌，郭清琳. 基于生态位重叠性的知识联盟演化机制研究［J］. 中国经贸导刊（中），2019（4）：41-45.

［130］王博，丁堃，刘盛博，等. 基于技术标准的下一代移动通信产业竞争情报分析［J］. 科技管理研究，2015，35（2）：134-139.

［131］王康，王晓慧. 产业技术创新战略联盟的技术竞争情报协同服务模式研究［J］. 情报科学，2018，36（10）：54-57，83.

［132］王莉娜，胡广伟，刘建霞. 数据赋能视角下应急情报服务价值共创过程及能力提升：以新冠疫情防控为例［J］. 图书情报知识，2021（1）：23-33.

［133］王明生. 从传统安全观到总体国家安全观：中国安全观的演变、成就及世界议程［J］. 亚太安全与海洋研究，2024，（3）：36-54，133-134.

［134］王珊珊，任佳伟，许艳真. 国外技术标准化研究述评与展望［J］. 科技管理研究，2014，34（20）：24-28.

［135］王珊珊，王宏起，邓敬斐. 产业联盟技术标准化过程及政府支持策略研究［J］. 科学学研究，2012，30（3）：380-386.

［136］王潇，王楠楠，邢博. 西方服务创新理论发展30年：1986—2017［J］. 商业研究，2018（8）：151-160.

［137］王学昭，王燕鹏，赵萍，等. 场景化智慧数据驱动的情报研究模式：概念、技术框架和实验验证［J］. 数据分析与知识发现，2023，7（5）：1-9.

［138］王延飞，刘记，陈美华，等. 情报治理的生态观［J］. 情报理论与实践，2018，41（1）：5-8.

［139］王益成，王萍. 数据驱动科技情报智慧服务模式研究［J］. 情报理论与实践，2021，44（4）：60-66，88.

［140］吴晨生，李辉，付宏，等. 情报服务迈向3.0时代［J］. 情报理论

与实践，2015，38（9）：1-7.

［141］吴晨生，刘如.新形势下科技情报工作中的国家安全观培育路径研究［J］.科技情报研究，2020，2（2）：39-47.

［142］吴心钰，王强，苏中锋.数智时代的服务创新研究：述评与展望［J］.研究与发展管理，2021，33（1）：53-64.

［143］吴玉浩，姜红，陈晨.技术标准情报的知识服务研究：竞合生态视角［J］.情报杂志，2022，41（2）：95-103.

［144］吴玉浩，姜红，孙舒榆.协同视角下知识创新成果与技术标准转化的机制研究［J］.科学管理研究，2019，37（2）：7-11.

［145］吴玉浩，姜红，孙舒榆.知识生态视角下技术标准联盟的稳态机制研究［J］.情报理论与实践，2019，42（10）：63-70.

［146］吴玉浩，刘超.数字平台驱动标准情报服务创新：逻辑、路径与策略［J］.图书与情报，2022（5）：125-136.

［147］西桂权，李辉，赖茂生.面向产业链自主可控的科技安全情报服务价值与模式研究［J］.情报理论与实践，2023，46（10）：46-53，68.

［148］肖海军，李茜.外资安全审查标准：缺憾、价值取向与进路——以总体国家安全观为视域［J］.湖南大学学报（社会科学版），2023，37（5）：134-143.

［149］肖利华，田野，洪东盈，等.数智驱动新增长［M］.北京：电子工业出版社，2021.

［150］谢守美.企业知识生态系统的稳态机制研究［J］.图书情报工作，2010，54（16）：99-102.

［151］忻榕，陈威如，侯正宇.平台化管理：数字时代企业转型升维之道［M］.北京：机械工业出版社，2020.

［152］徐超，应玉玲，程晴，等.基于服务当地特色产业的标准化信息服务平台建设研究［J］.中国标准化，2022（5）：172-174，188.

［153］许鑫，叶丁菱.数智时代情报学与情报工作的发展透视［J］.情报学报，2022，41（10）：1100-1110.

［154］许月恒，朱振中，董传金.基于技术标准的企业核心竞争力提升策

略研究［J］.华东经济管理，2008，22（5）：125-128.

［155］晏双生.知识创造与知识创新的涵义及其关系论［J］.科学学研究，2010，28（8）：1148-1152.

［156］杨锴.高校智库联盟成员服务能力识别及匹配研究［J］.情报杂志，2020，39（5）：97-103，161.

［157］杨倩，林鹤.大语言模型背景下情报研究的数字化应对策略及实践场景［J］.竞争情报，2023，19（3）：2-13.

［158］杨小华.情报生成理论［J］.图书情报工作，2010，54（18）：16-19.

［159］杨元妍.地方高校智库生态系统结构及三维度分析［J］.黑龙江高教研究，2019（4）：32-36.

［160］于淼，朱方伟，张杰，等.知识治理：源起、前沿研究与理论框架［J］.科研管理，2021，42（4）：65-72.

［161］曾德明，邹思明，张运生.网络位置、技术多元化与企业在技术标准制定中的影响力研究［J］.管理学报，2015，12（2）：198-206.

［162］曾文，王卓昊，张昱.论复杂信息环境下的科技情报技术基础建设［J］.情报学报，2022，41（12）：1238-1247.

［163］曾子明，孙守强.基于情景感知的智慧图书馆场景式服务研究［J］.图书与情报，2019（4）：101-108.

［164］张海涛，张念祥，王丹，等.大数据背景下智库情报的服务创新：基于协同理论视角［J］.现代情报，2018，38（9）：57-63.

［165］张华云.标准情报管理工作的改革与探讨［J］.上海标准化，2008（8）：35-38.

［166］张林立.公安情报生态系统的构建初探［J］.四川警察学院学报，2019，31（2）：16-23.

［167］张亚男，王克平，王艺，等.基于区块链的竞争情报联盟协作平台模型研究［J］.图书情报知识，2021，38（6）：100-109，122.

［168］张研.技术标准化对产业创新的影响机制研究［D］.长春：吉林大学，2010.

［169］张艳，杨芳，刘玉超，等.技术标准制定与实施中的专利情报分析

研究：以 5G 标准为例［J］.情报理论与实践，2021，44（5）：127-132.

［170］赵志耘，孙星恺，王晓，等.组织情报组织智能与系统情报系统智能：从基于情景的情报到基于模型的情报［J］.情报学报，2020，39（12）：1283-1294.

［171］郑荣，高志豪，魏明珠，等.基于联盟区块链的产业应急情报协同共享模式研究：以半导体产业应对"四川限电"应急场景为例［J］.图书情报知识，2022，39（5）：67-81.

［172］郑荣，孙晓晗，魏明珠，等.基于扎根理论的产业智库联盟运行影响因素研究［J］.情报科学，2020，38（12）：51-56.

［173］郑彦宁，化柏林.数据、信息、知识与情报转化关系的探讨［J］.情报理论与实践，2011，34（7）：1-4.

［174］朱晓薇，朱雪忠.专利与技术标准的冲突及对策［J］.科研管理，2013（1）：140-144.